beaming

삐밍

내면의 빛을 회복하는

bea

마릴린 베르슈에렌 지음
이윤영 옮김

ning

cherish

긍정 에너지 디자인

헌사

이 책은 당신을 위해 쓰였습니다. 이 책을 읽고 있을 모두에게
온 마음을 담아 감사를 전합니다. 제 작품이 어떠한 인연으로
당신에게 닿을 수 있음에 너무나 감사합니다. 저의 가장 큰 소망은
당신이 이 책을 통해 위안과 평화를 느끼는 것입니다. 색감과
그림이 영감을 불러일으키고, 우리가 잊고 살았던 것들을 다시
기억하게 되기를 바랍니다. 이 책이 당신 앞에 놓인 모든 가능성을
일깨워 경이롭고 빛나는 순간으로 데려다주길 바라며.

사랑을 담아, 마릴린

비밍
내면의 빛을 회복하는
긍정 에너지 디자인

초판 1쇄 2024년 8월 14일

지은이 마릴린 베르슈에렌
옮긴이 이윤영

펴낸이 한윤아
편집 염경원

펴낸곳 체리쉬
출판등록 2023년 7월 4일
제 2023-000013호

메일 cherish.publish@gmail.com
인스타그램 @cherish.publish
홈페이지 cherish-publish.com

© Marilyne Verschueren, 2024
ISBN 979-11-984416-5-2 (03190)

이 책의 한국어판 저작권은 아모 에이전시를 통해
저작권자와 독점 계약한 체리쉬 출판사에
있습니다.
저작권법에 따라 보호받는 저작물이므로
무단 전재와 무단 복제를 금합니다.

이 책의 내용을 이용하려면 반드시 사전에
저작권자와 체리쉬 출판사의 서면 동의를 받아야
합니다.

잘못된 책은 구입처에서 바꿔드립니다.

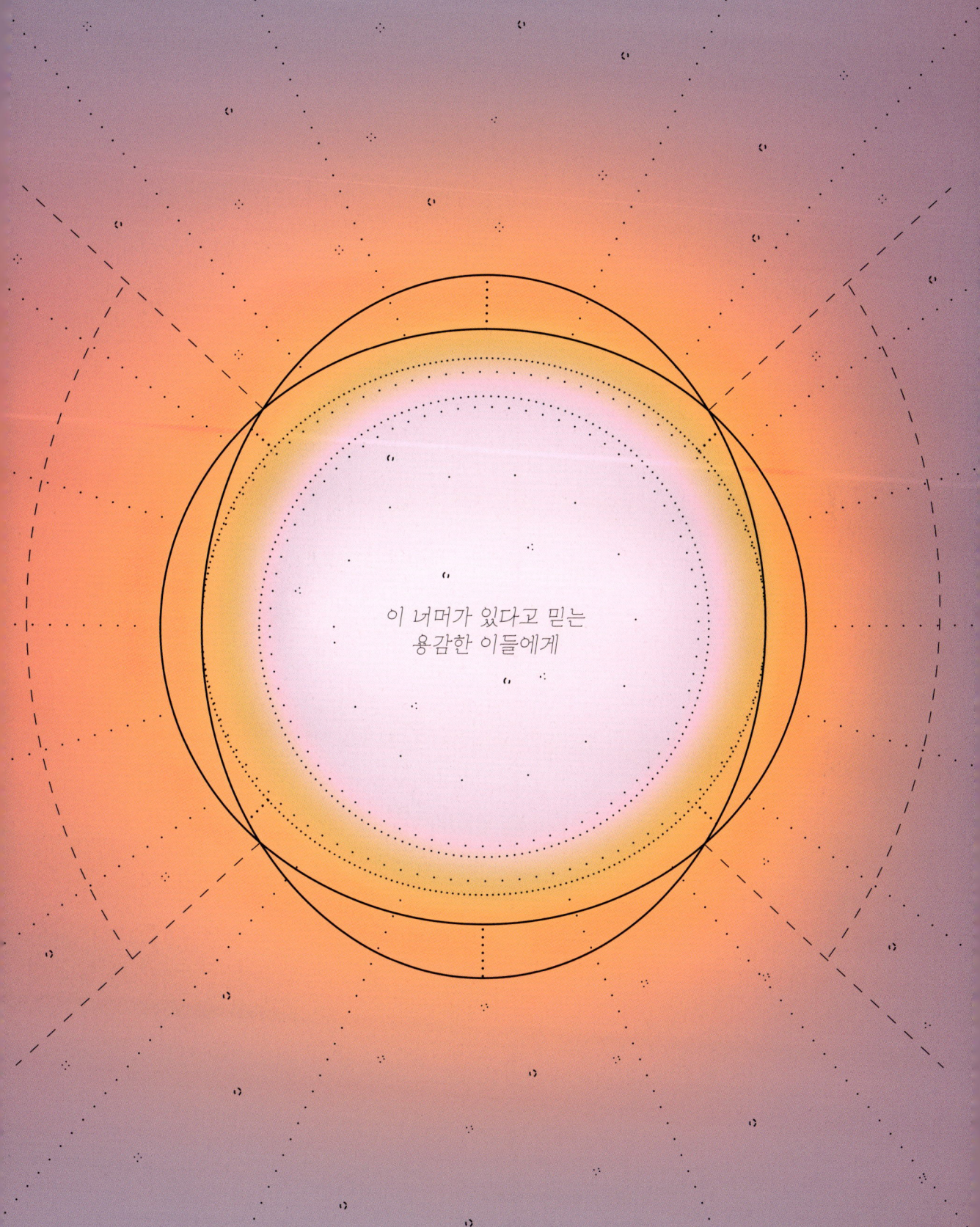

목차

8

소개

이 책의 사용법

12

1장: 깨어남

우주, 신뢰, 이유, 아름다움,
신호, 의미

44

2장: 직관

직감, 믿음, 내면의 소리,
고요, 직관

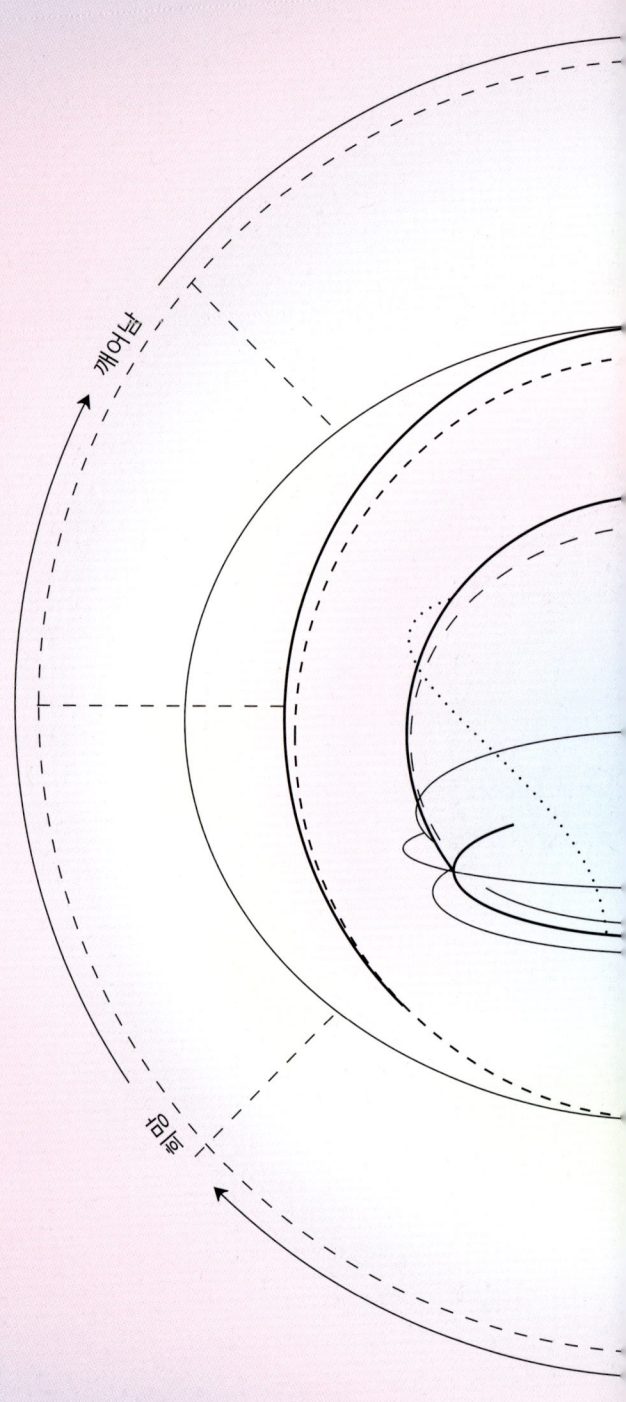

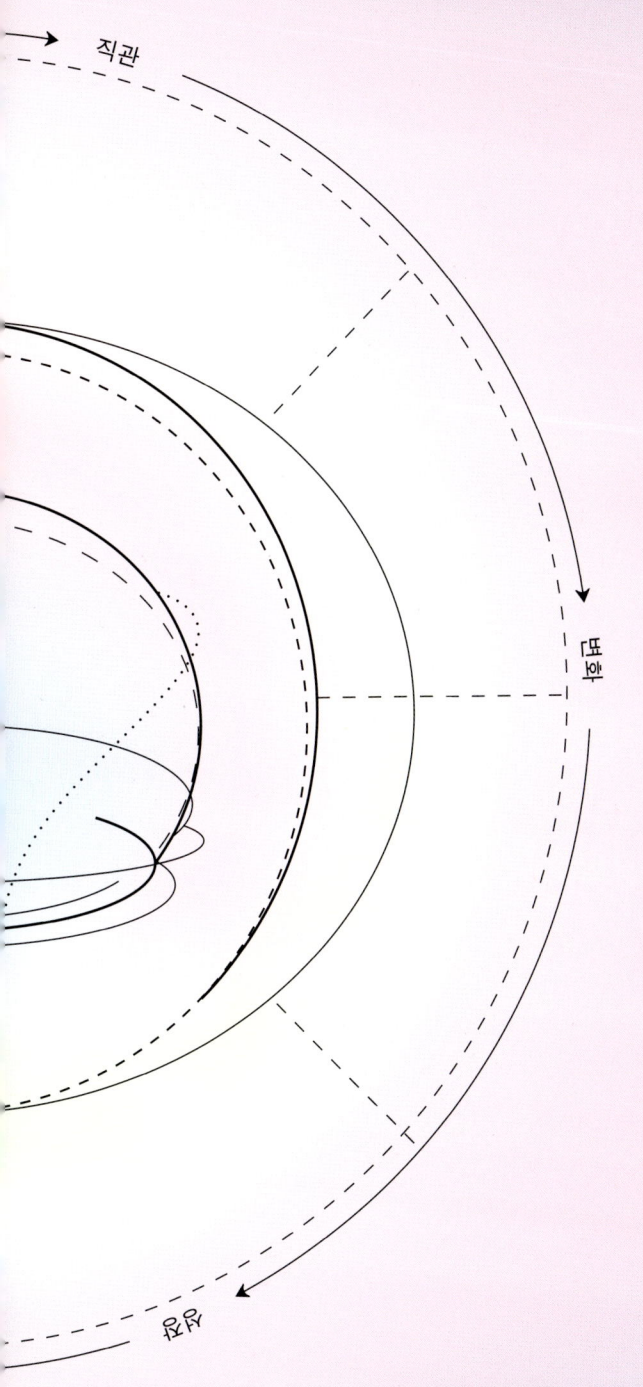

84

3장: 변화

변화, 만트라, 마음, 에너지,
좋은 것, 확언

144

4장: 성장

피어남, 자기 돌봄, 호흡법,
감사, 명상

176

5장: 희망

내면의 평화, 내면 아이,
현실화, 생각, 정렬, 마법

224

감사의 말

소개

저는 우리 모두 여기에 온 이유가 있다고 믿습니다. 삶이라고 부르는 이곳에서 각자가 가진 개인적인 소명과 공동체적 목적이 있을 거라고 말이죠. 이러한 공동체적 경험은 우리를 하나로 만들어줍니다. 저마다 몸도 가족도 국가도 다르기에 개개의 길은 달리 보이겠지만, 우리는 모두 보편적 진리를 발견하기 위한 여정 위에 있습니다. 그리고 진리를 제대로 배우기 위해서는 이 여정을 직접 겪어야만 합니다.

인간의 존재 의미를 숙고할수록, 자신이 더 깊고 위대한 무언가와 연결되어 있다는 것을 발견합니다. 잠시 시간을 내어 주변을 관찰해 보세요. 자연, 인류 혹은 더 큰 미지 등 우리 주위에 온통 기적이 존재함을 깨닫게 될 것입니다. 주의를 기울이면 삶은 생각보다 평범하지 않다는 것을 알 수 있지요. 이러한 경이감은 우리의 어린 시절과도 연관됩니다. 매일 찾아오던 기쁨, 즐거움과 가능성으로 가득했던 경험들. 어렸을 때는 온 세상이 더욱 밝아 보였습니다. 모든 것은 살아있었고, 마법 같았어요. 우리는 삶을 무조건 그리고 온전히 사랑했습니다.

대부분 이러한 사랑과 경이의 감각은 시간이 지나며 사라집니다. 하지만 잃어버린 감각을 다시 발견하게 되는 것은 한층 더 놀라운 일이 될 거예요. 빛의 진가를 느끼려면 어둠을 경험해야 합니다. 마찬가지로, 우리가 인간으로서 진정한 자아와 소명을 발견하기 위해서는 폭풍 같은 고난도 견뎌내야 하지요.

살아가면서 수많은 선택 앞에 놓일 것이며, 당신이 내리는
모든 결정은 삶을 특정한 방향으로 이끌 것입니다. 인생이
항해라면, 이러한 선택은 돛을 이끄는 바람과 같습니다. 거친
파도든 잔잔한 바다든, 어디를 지나더라도 한 목소리가 당신을
따라다닐 거예요. 이 목소리는 당신을 진정한 북극성으로
이끌어주는 내면의 나침반입니다. 바른 곳을 향할 수 있도록
밀어주고, 뭔가 께름칙할 때는 주의를 줄 거예요. 언제나
당신과 함께하는 이 나침반은 살아있는 동안 당신이 소명을
다하도록 안내하고 도와줍니다.

예술은 삶의 여정을 보다 충만하게 지낼 수 있도록 지원하며,
직관을 활성화하여 깊은 사색과 깨달음의 기회를 제공합니다.
저의 소명은 예술을 통해 사람들을 격려하는 것이라고
믿습니다. 그리하여 희망, 사랑, 공감을 상기하는 촉매가 될
비밍 디자인을 시작했지요. 이 작업을 통해 자신이 경험한
기적적인 순간을 기꺼이 공유하며 긍정적 메시지를 열망하는
수천 명의 사람과 연결되었습니다.

『비밍』은 저의 작품을 한데 모은 책으로, 온라인에 공유했던
작업은 물론, 미공개 작품도 담았습니다. 이 책은 깨어남에서
희망까지, 자아 발견이라는 영적 여정으로 당신을 안내할 다섯
가지 장으로 구성되었으며, 명상과 호흡, 일기 쓰기와 관련된
간단한 가이드들이 포함되어 있습니다. 일상에서 짧은 연습을
통해 당신의 경험을 더욱 심화할 수 있습니다.

이 책을 읽는 데 있어 옳고 그른 방법은 없습니다. 아무 페이지나 펼쳐 보아도 괜찮고, 처음부터 끝까지 순서대로 읽어도 좋습니다. 기쁨의 순간이 필요할 때 무심코 열어보거나, 매일 아침 보면서 희망의 빛으로 하루를 여는 연습을 할 수도 있겠지요. 이 책은 유연하고 융통성 있게 구성되었기에 당신에게 가장 의미 있는 방식으로 탐색하시면 됩니다.

예술은 지극히 개인적인 경험이니, 이 책 역시 당신만의 독특한 방식으로 읽어 내길 바랍니다. 어떤 색상에 끌릴 수도 있고, 어떤 메시지에 공감할 수도 있어요. 이것이 예술의 진정한 아름다움입니다. 예술은 모두의 마음에 다른 방식으로 이야기를 건네며, 내면의 다양한 감정을 일깨우는 힘이 있습니다.

이 책은 당신이 필요할 때마다 영감의 원천과 동기부여를 제공하고, 궁극적으로는 희망과 긍정의 등불이 되기를 바라는 마음으로 쓰였습니다. 제 작품을 통해 외로움을 덜고 마음을 북돋울 수 있길 희망합니다. 또한 이곳에 온 이유가 있음을, 그리고 인생이 살 만한 가치가 있는 특별한 여정임을 다시금 기억하기를 바랍니다. 당신이 세상을 새로운 시각으로 바라보고 시야를 넓히는 성장의 기회로 삼는 데 도움이 된다면 더없이 기쁠 것입니다. 무엇보다도 당신이 삶에 대한 경이와 사랑을 되찾고, 더 큰 행복과 기쁨을 향해 나아가기를 응원합니다.

마릴린 베르슈에렌

이 책의 사용법

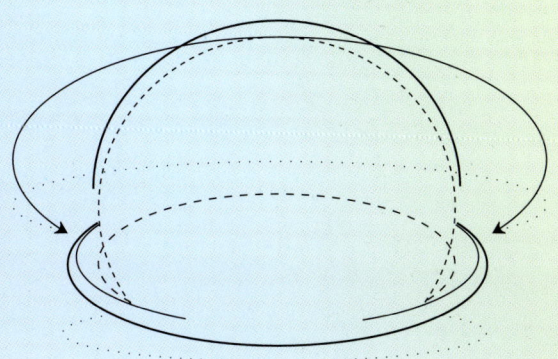

신호를 찾고 있다면,
아무 페이지나 펼쳐 보아도 좋아요

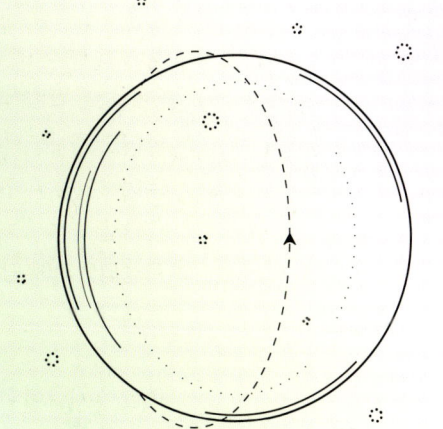

색감과 이미지가
마음이 유영할 수 있는 공간을 제공할 거예요

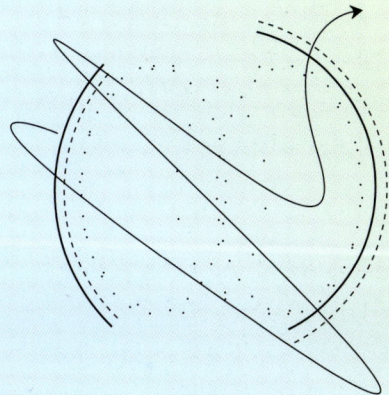

커피 테이블 위에
가장 좋아하는 페이지를 펼쳐 두세요

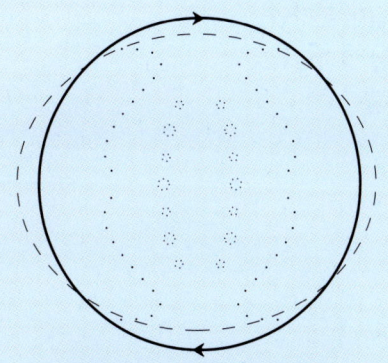

연필을 꺼내, 기억하고 싶은 생각이나
아이디어를 추가로 적어 보세요

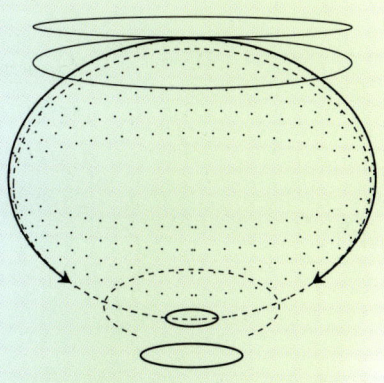

책을 읽기 위한
자연 속 고요한 장소를 찾아보세요

1장

깨어남

인생에 무언가가 빠져 있음을 갑자기 알아차리게 된 변화의 순간을 경험한 적이 있으신가요? 사고방식이나 삶의 방향을 뒤바꾼 사건을 겪은 탓일지도 모릅니다. 혹은 어떤 친절한 행동이 당신에게 깊은 영향을 끼쳤을 수도 있지요. 이러한 깨달음은 누군가에겐 순식간에 일어나고, 누군가에겐 더 느리게 다가가기도 합니다. 깨어남은 주변의 모든 것에 의문을 제기하고, 삶이 과연 예전과 같은 것인지 궁금하게 만들곤 해요.

깨어남은 자신의 가치관, 신념, 인식에 질문을 던집니다. 당신이 정말로 누구인지, 왜 지금 여기에 존재하는지, 어떻게 의미 있고 만족스러운 삶을 살 수 있을지 숙고하게 하지요. 그러한 순간은 무엇이 진정한 기쁨과 성취감을 가져다주고, 후에 어떠한 유산을 이곳에 남기고 싶은지 생각해 보게 하는 놀라운 기회가 될 것입니다.

당신을 빛나게 하는 순간들에 주의를 기울여 보세요. 이 순간들은 당신을 깨달음으로 이끌고, 의지대로 움직이게 만드는 선물입니다. 진정으로 깨어 있을 때에야 삶의 아름다움과 복잡성을 알아봄에 감사하고, 이곳에 태어난 당신의 역할과 소명을 더욱 잘 이해할 수 있습니다.

우주가 당신에게 이야기하는 법

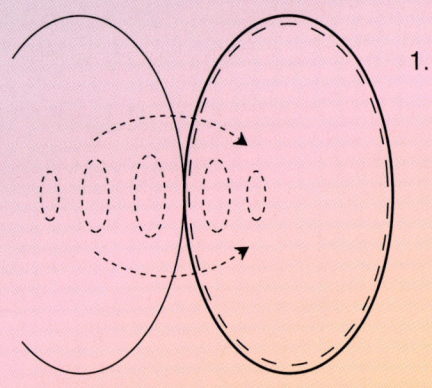

미묘한 메시지를 건네요

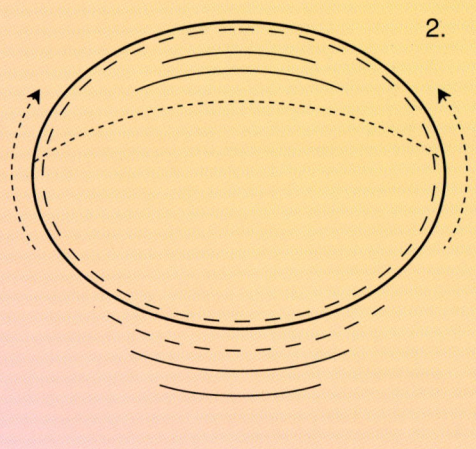

직감을 가져다줘요

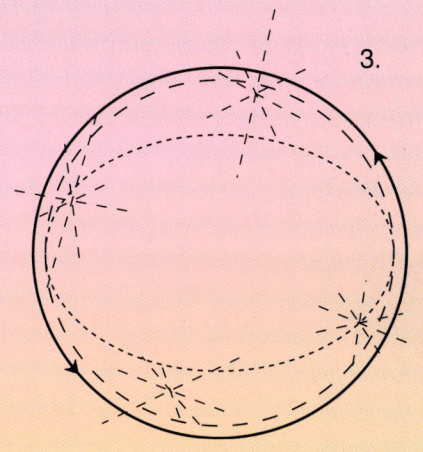

신호를 보여줘요

당신의 주파수에 응답해요

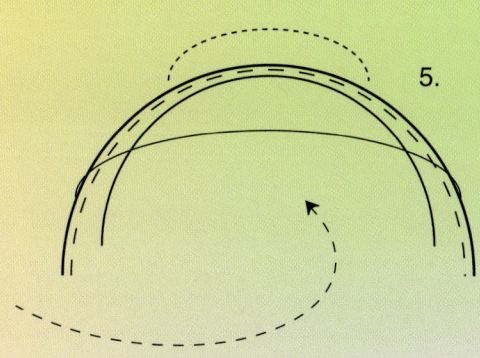

새로운 경로로 당신을 이끌어줘요

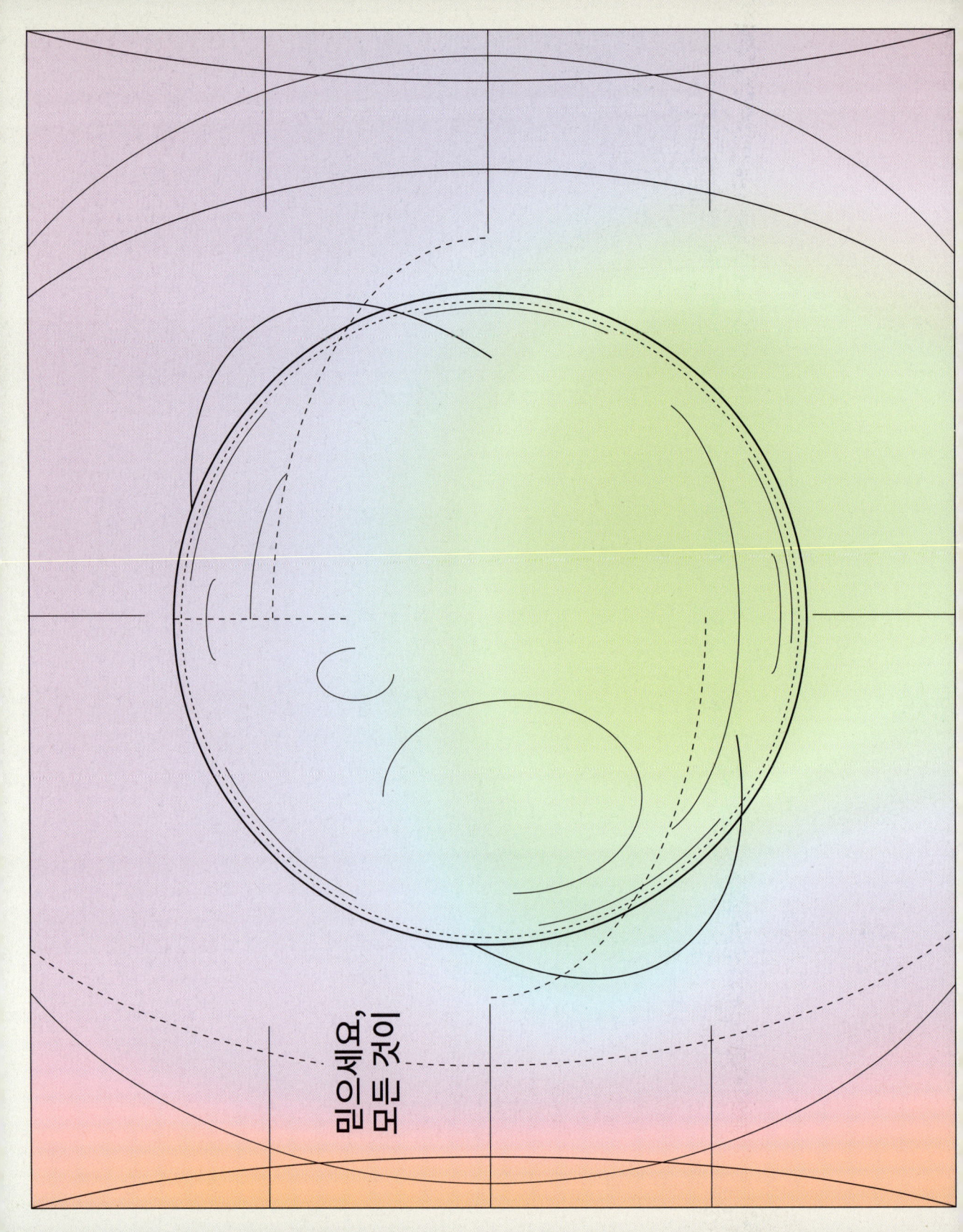

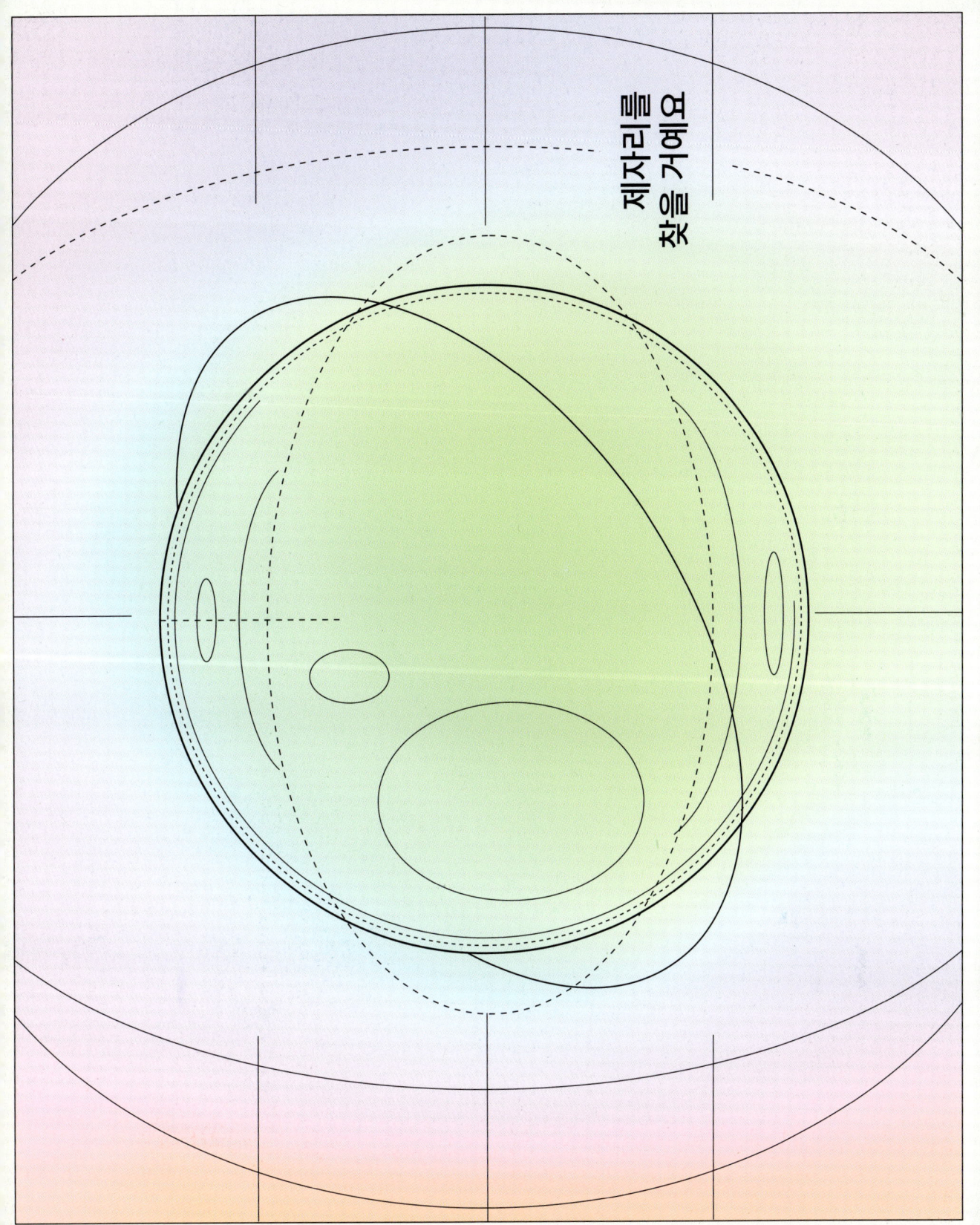

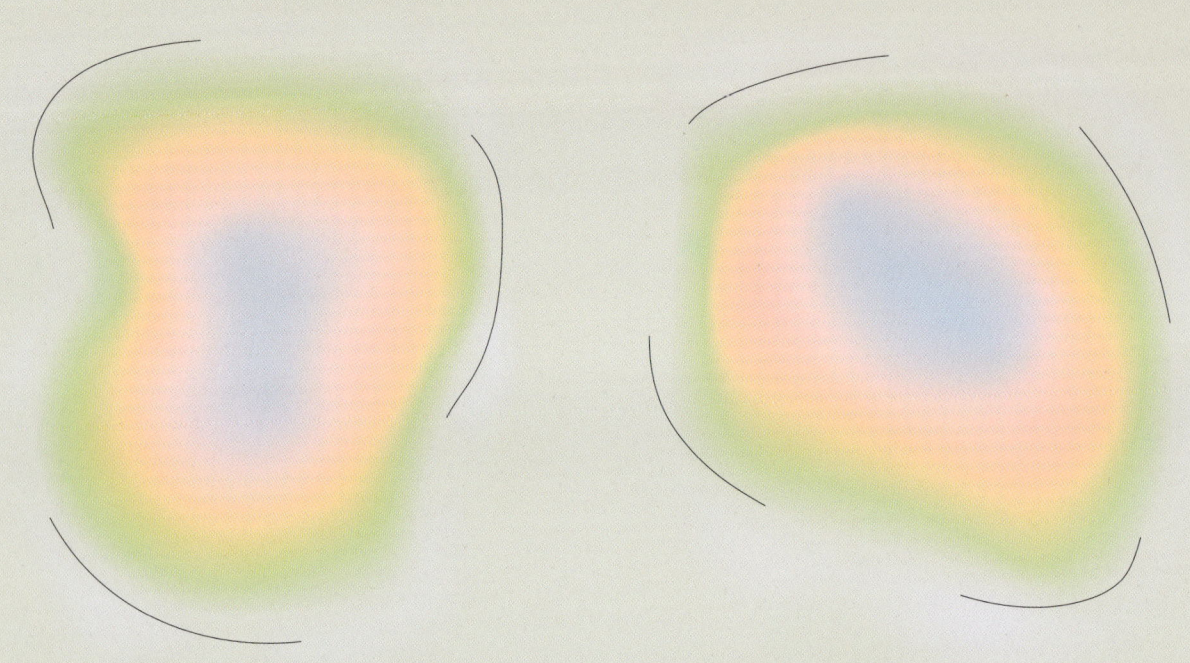

당신이 여기에 온 이유가 있어요

이해하고 / 경험하고 / 배우고 / 느끼고 / 사랑하고 /
가르치고 / 도전하고 / 실행하고 / 선택하고 / 변화하고 / 비추고 /
도와주고 / 연결하고 / 신뢰하고 / 성취하고 / 탐구하기 위해서요

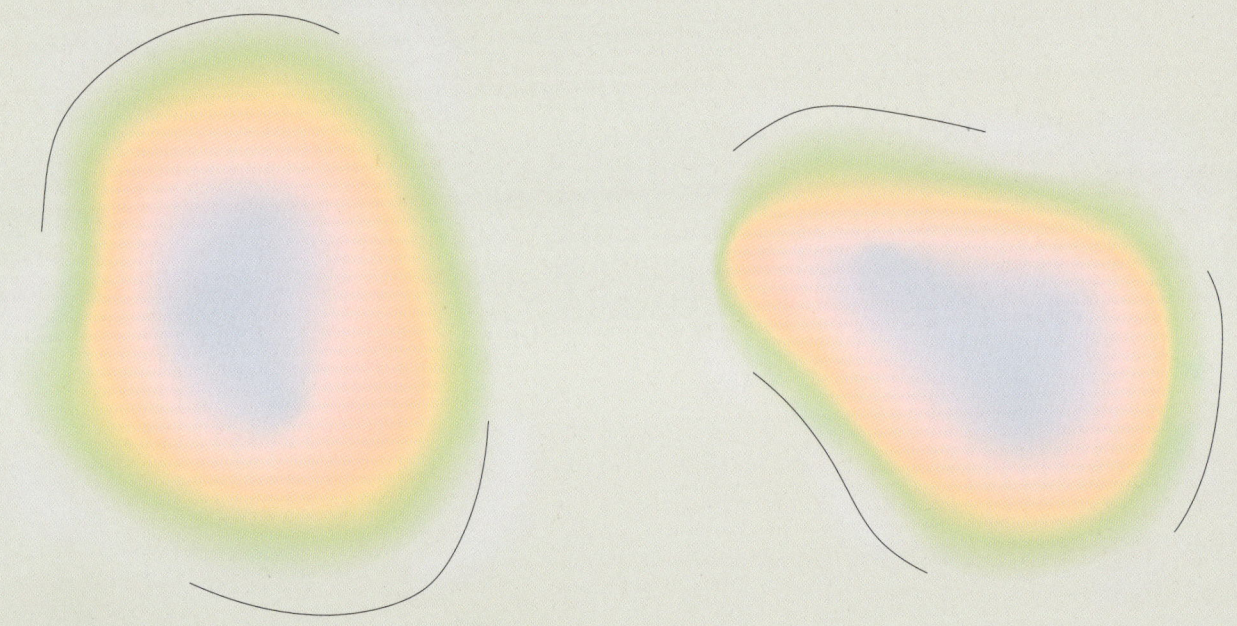

모두 잘될 거예요

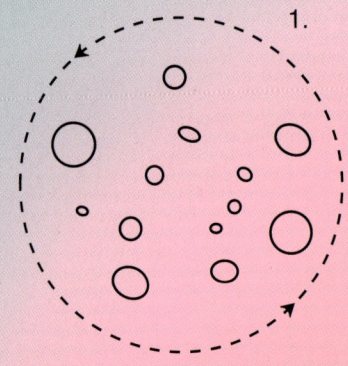

아직도 다양한 가능성이 있어요

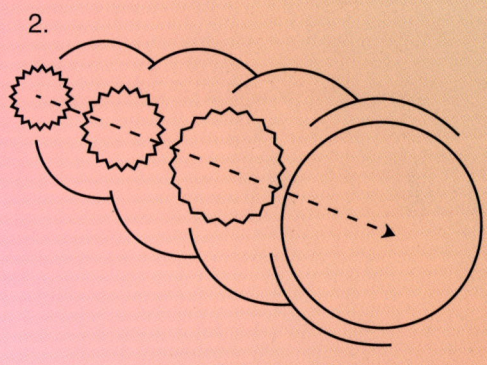

좋은 일들이 다가오고 있어요

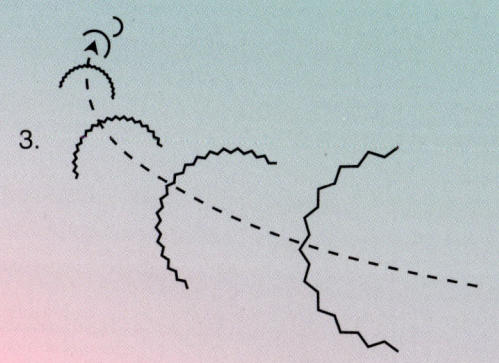

감정은 일시적일 뿐이에요

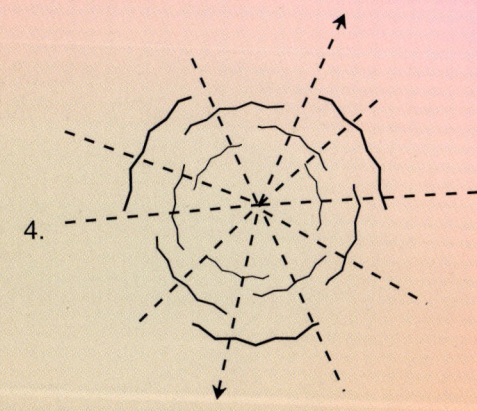

비가 내린 후에는 햇살이 비춰요

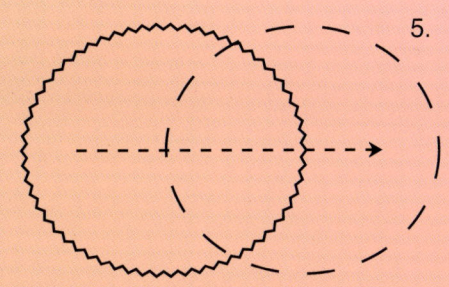

결말처럼 보이는 건 아름다운 시작의 다른 모습이에요

나는 우주와 하나예요.
자연은 나를 가르치고,
태양은 내게 에너지를 주고,
달은 나를 보호하며,
별은 나를 안내해요.

우리 주변의

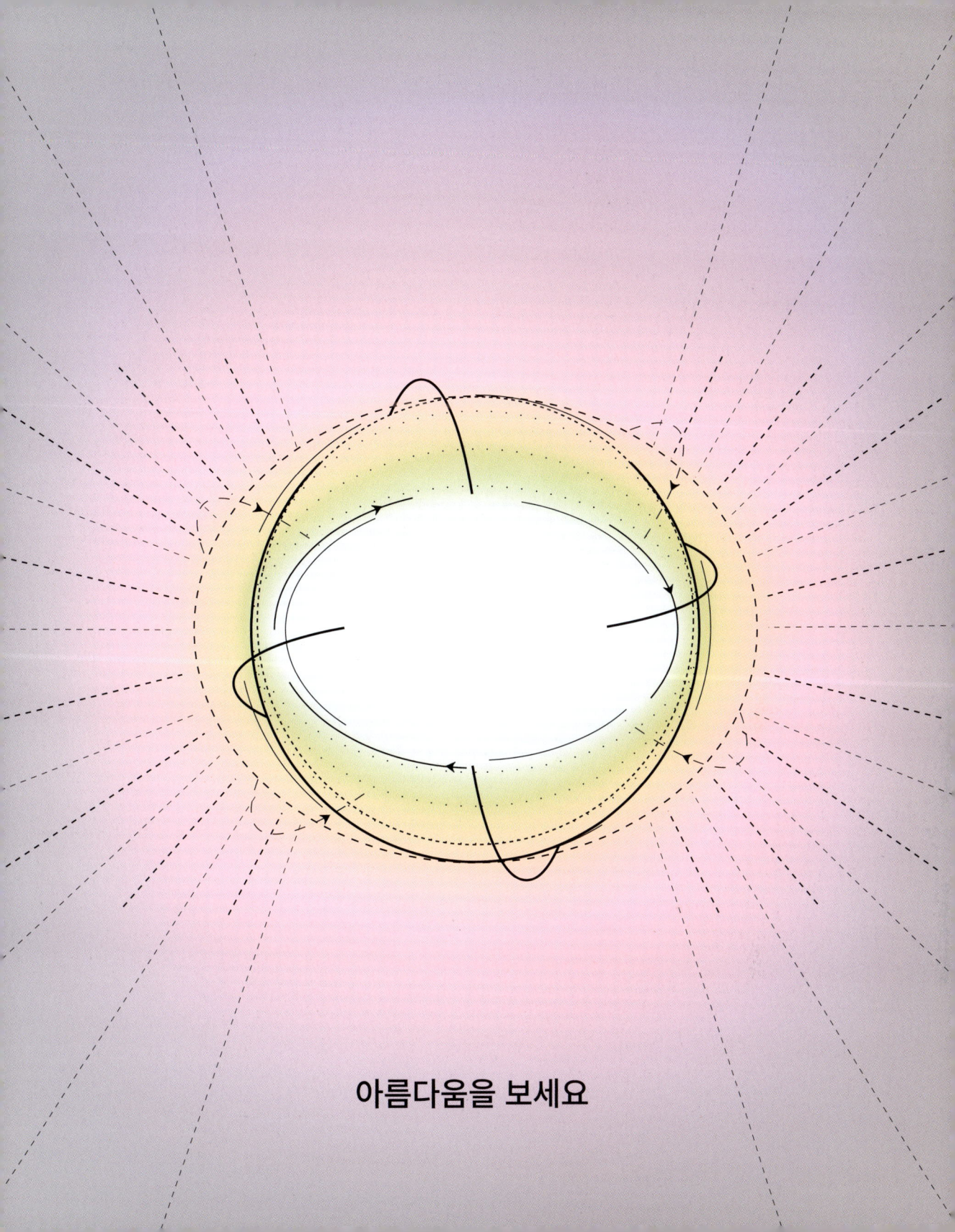
아름다움을 보세요

우주가 보내는 신호

우주의 신호는 많은 이들을 평온으로 인도하며, 삶의 방향성과 안도감을 주지요. 신호는 그것을 믿는 사람들에게 매우 중요한 의미와 가치가 있어요. 당신의 주변과 내면을 살펴보세요. 신호가 느껴지나요? 당신을 위한 신호를 알아볼 수 있나요?

1. 꿈

4. 예상치 못한 기회

5. 명료함과 평온함

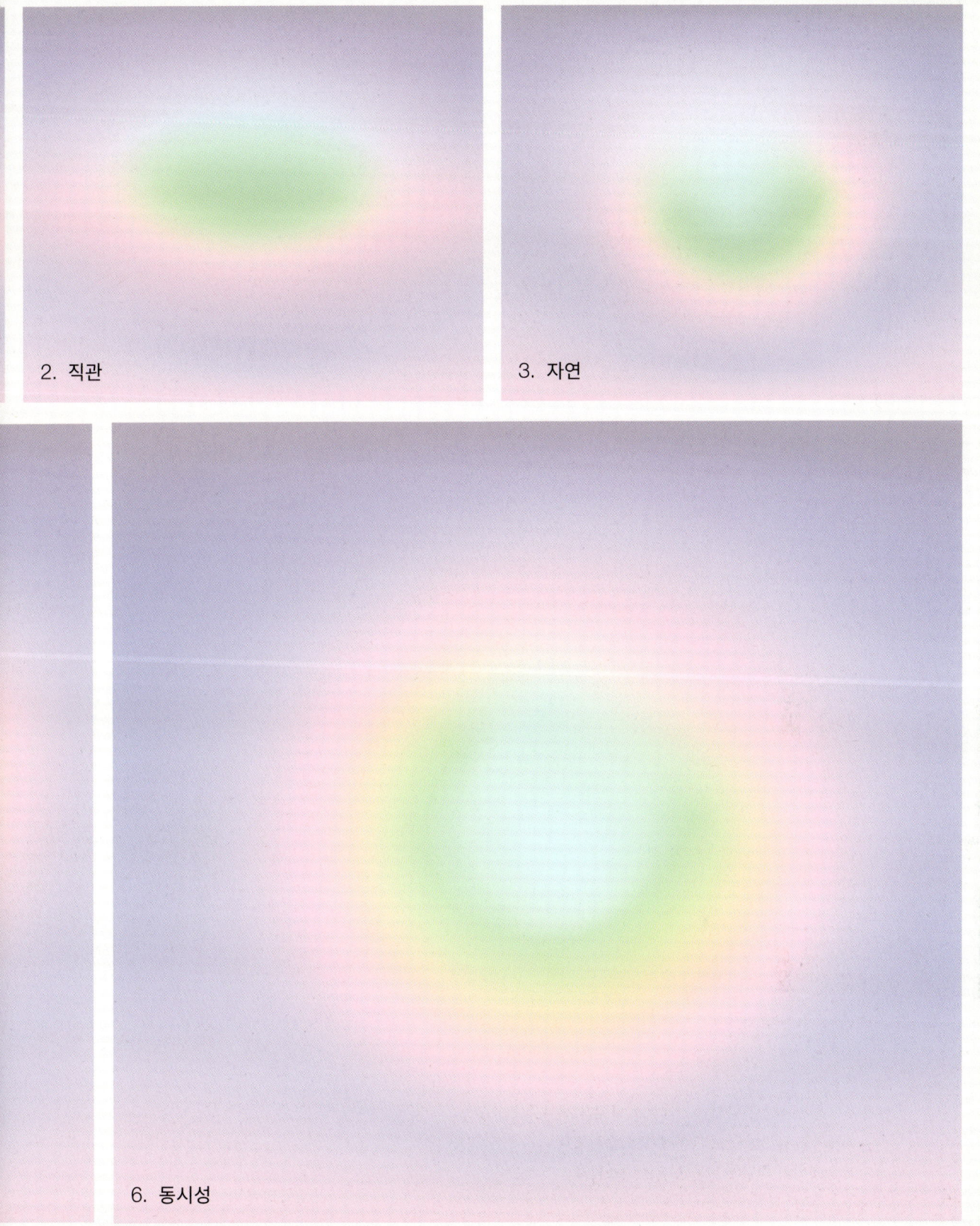

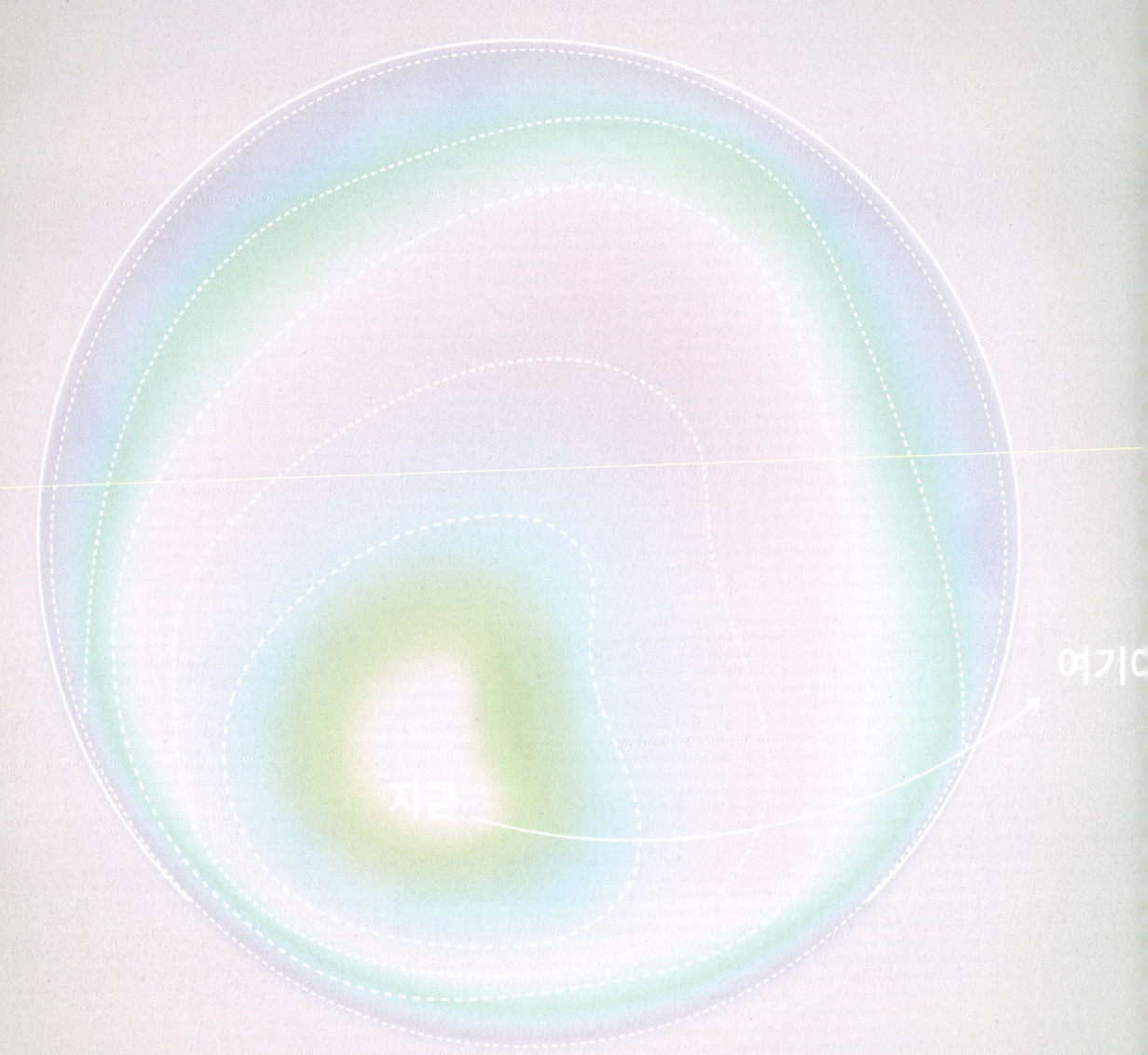

1. 고마운 것들에 집중하며 하루를 감사로 시작하세요.
2. 좋아하는 음료를 맛보며 이 순간을 즐기세요.
3. 밖으로 나가 피부에 닿는 햇볕의 따스함을 느끼세요.

존재하기

4. 산책하며 주변에 보이는 자연의 아름다움을 감상하세요.
5. 보고, 듣고, 느끼는 것을 의식적으로 알아차리며 감각을 깨우세요.
6. 맨발로 걸으며 발이 땅에 닿는 감각에 주의를 기울이세요.

멋진 하루를 위한 일상의 한 줄
(매일 아침 읽어보세요)

1. 인생의 진정한 기쁨은 단순한 것들에 있어요.

2. 쓸쓸함 안에서 달콤함을,
   어려운 순간 속에서도 행복을 찾으세요.

3. 이미 가지고 있는 것들에 감사아세요.

4. 인생은 길지 않습니다. 추억을 만드세요.

5. 따뜻한 사람이 되세요. 희망과 빛을 내뿜으세요.

6. 삶은 경주가 아닙니다. 당신만의 속도로 나아가세요.

7. 아직 배우지 않은 것을 모르는 건 당연해요.

8. 웃을 이유를 찾고 오늘의 기쁜 순간들을 발견해
   보세요.

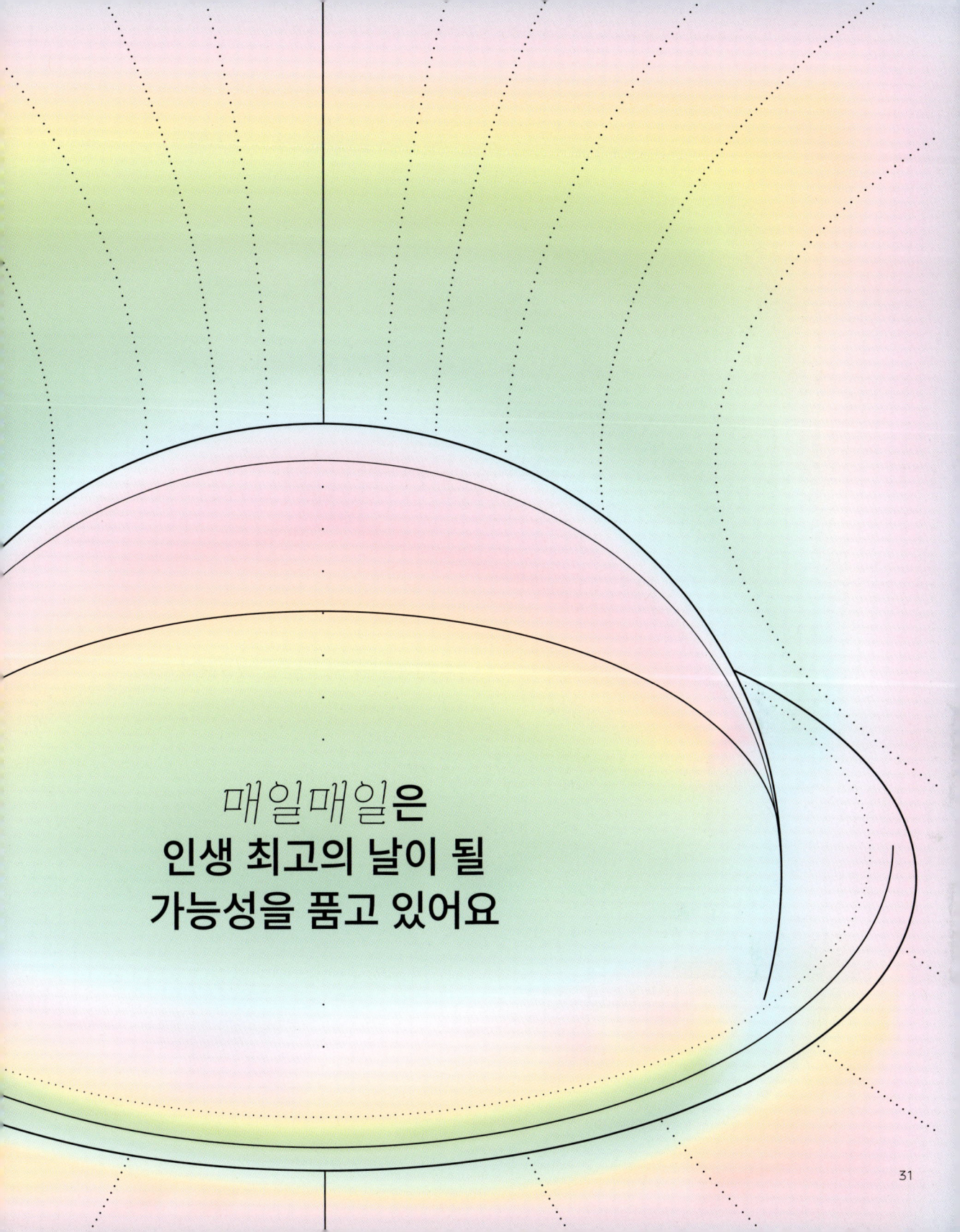

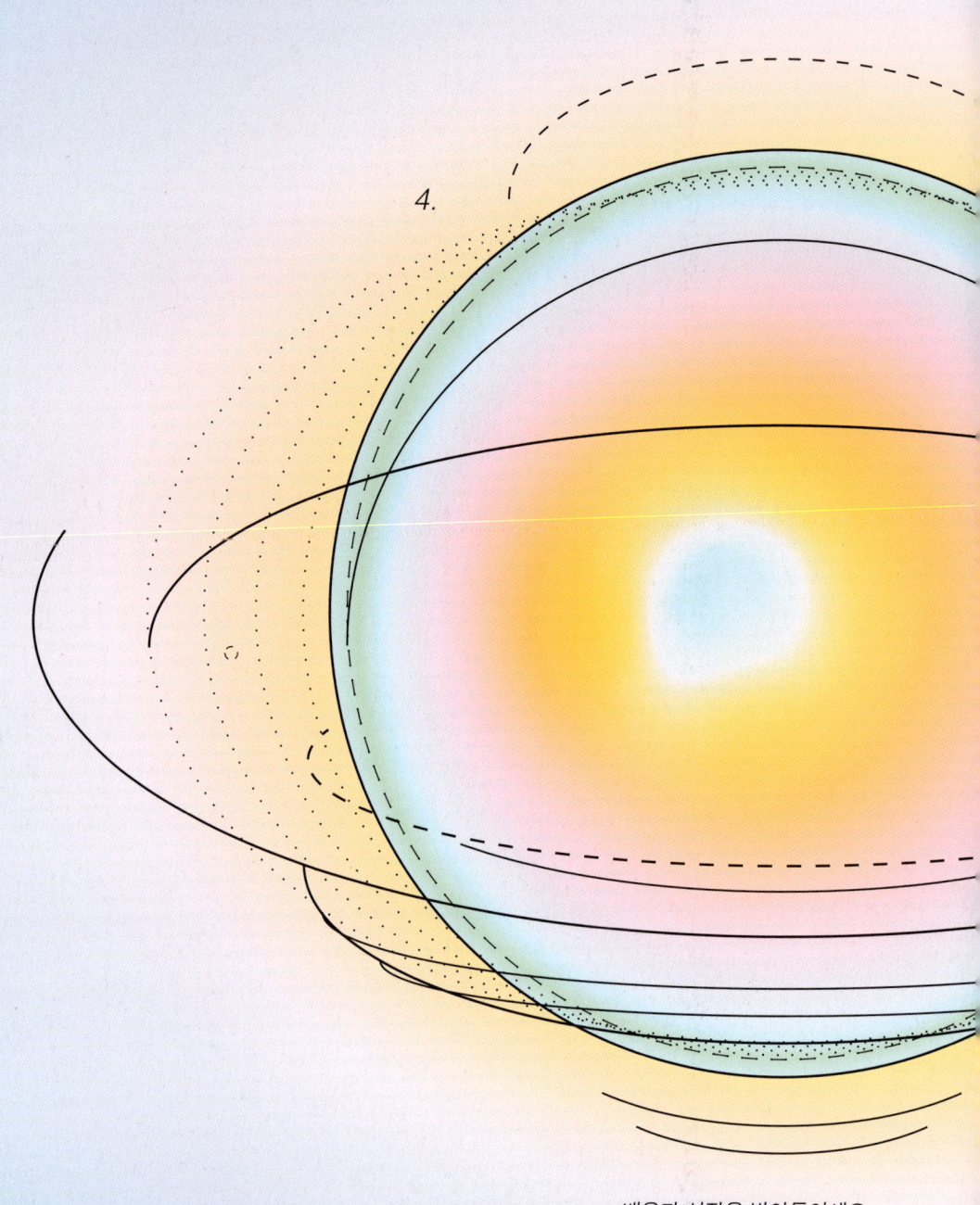

배움과 성장을 받아들이세요

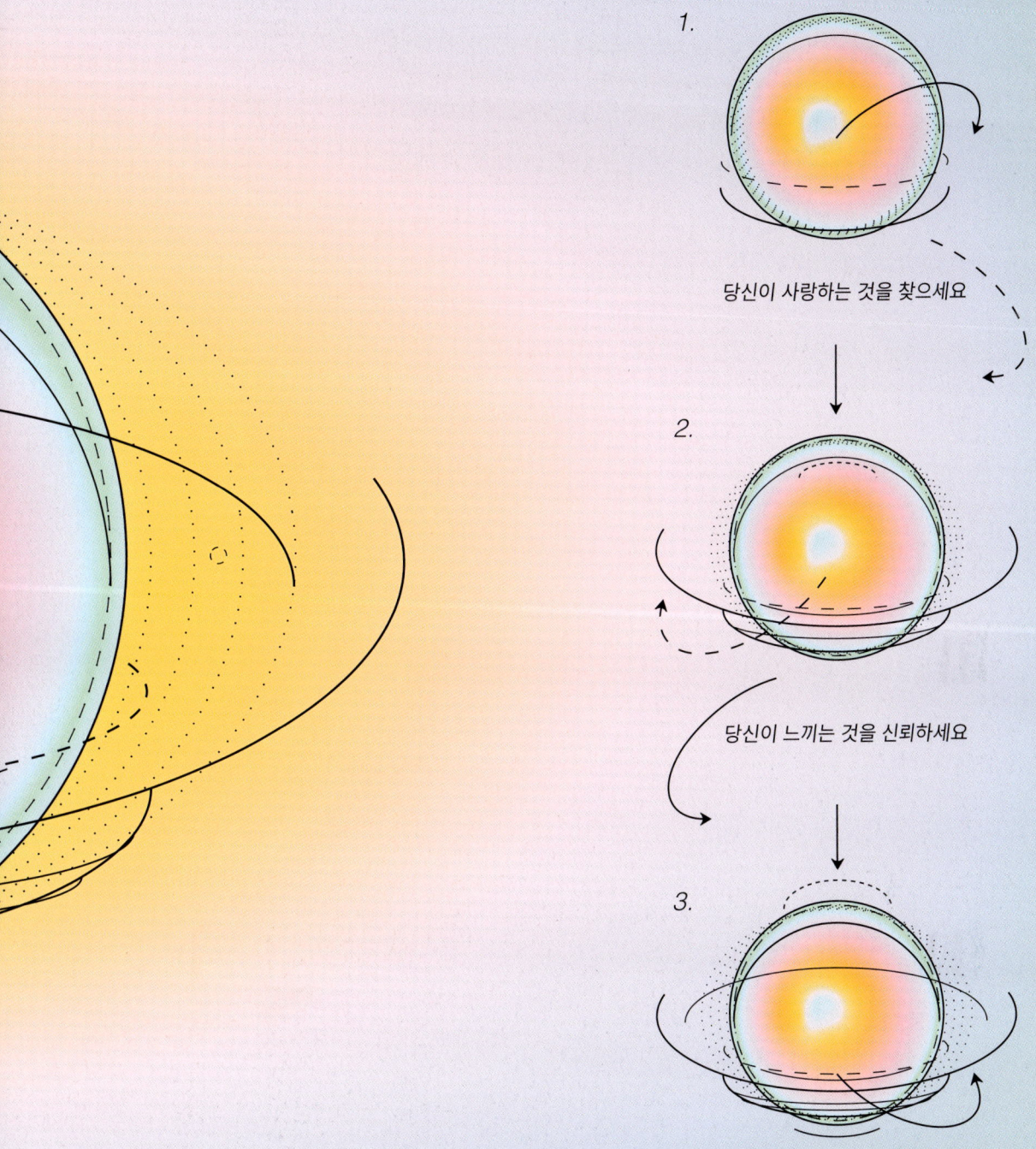

사랑은

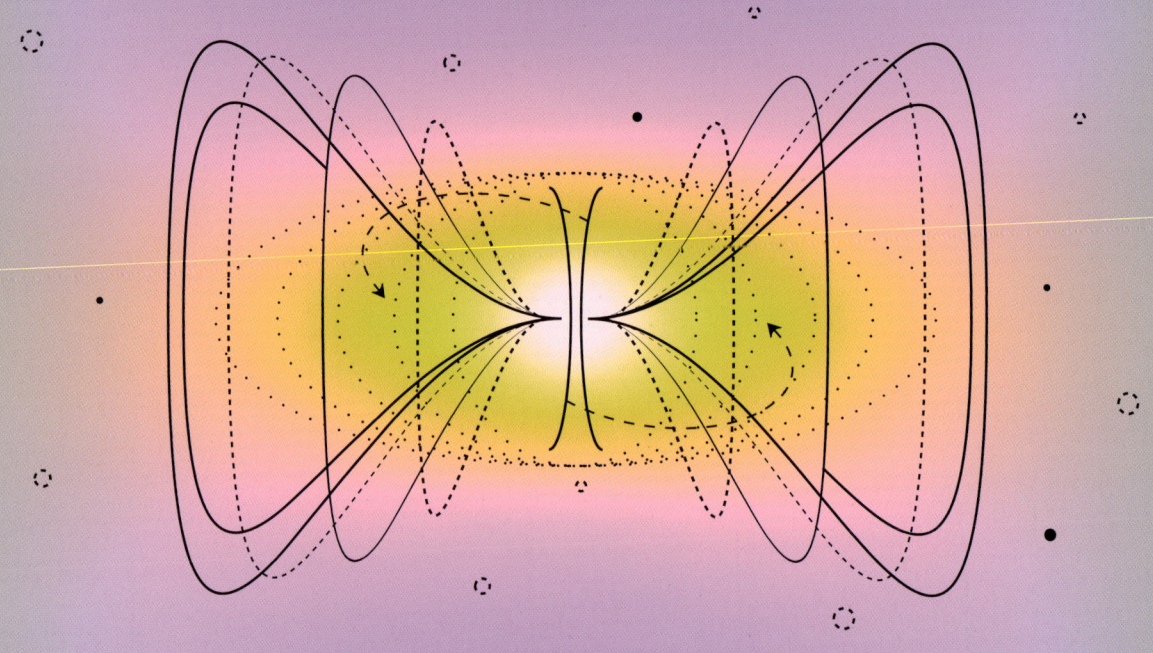

우주에서 가장 강한 진동이에요

세상에 당신이 있어 다행이에요   삶이 항상 쉽지는 않지만 포기하지 마세요

당신은
하나뿐이에요

우리는 모두 태어난 이유가 있어요   수십억 중 하나뿐인
당신의 삶은 특별해요

가슴과 머리의 *대화*

가슴과 머리

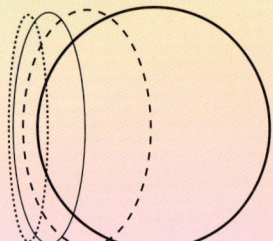
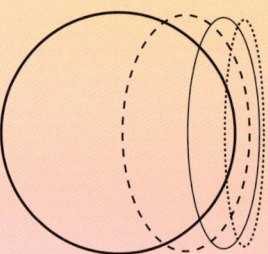

마주하기

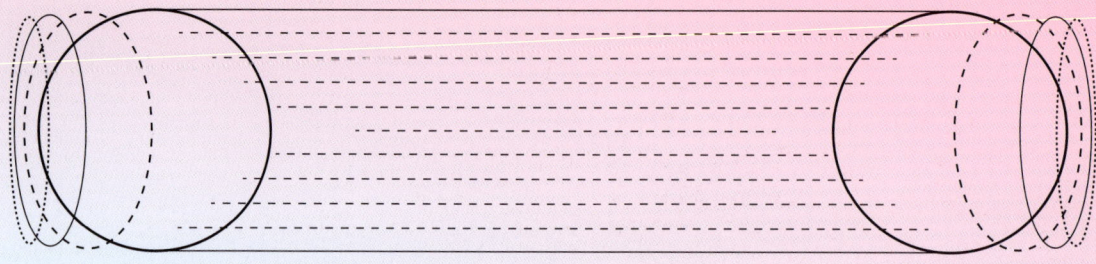

대화하기

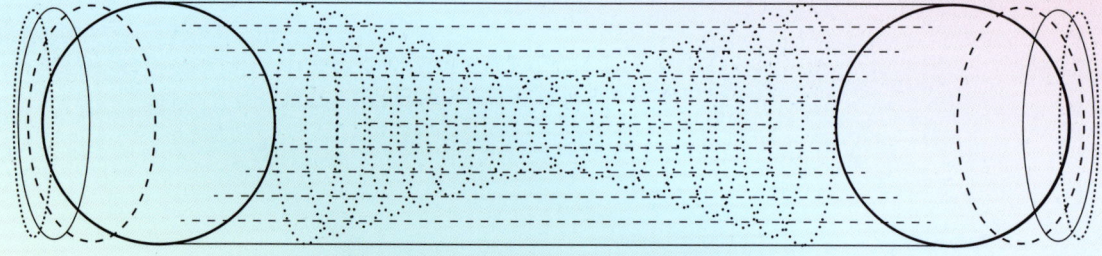

이것이 내가 원하는 것일까?　　　- - - - - - - - - - - - - - - - -　　　이것이 내가 옳다고 믿는 것일까?
나의 삶에서 원하는 게 무엇일까?　- - - - - - - - - - - - - - - - - - -　나는 이것을 어떻게 느낄까?
이것이 나를 위한 것일까?　　　- -　나는 왜 이렇게 느끼는 걸까?

명료함과 균형을 위한
내면의 대화

1. 당신의 마음을 아름답고 찬란한 빛이라고 상상해 보세요.

2. 당신의 정신 한가운데로 관심을 돌려보세요.

3. 특정한 상황 혹은 결정에 대해 어떻게 느끼는지 가슴에 물어보며 대화를 시작해요.

4. 떠오르는 감정들을 느껴보세요.

5. 이번에는 같은 상황에 대해 논리적이고 객관적인 머리의 관점을 물어보세요.

6. 가슴과 머리를 오가며 대화가 자연스럽게 흐를 수 있도록 하세요. 그 둘이 다른 관점을 가져도 괜찮아요.

7. 가슴과 머리의 소리를 잘 듣고 양쪽이 모두 만족할 수 있는 중간 지점을 찾아보세요.

8. 준비가 되었다면, 몇 차례 심호흡을 해요. 이 대화를 기반으로 당신이 어떻게 할지 숙고하고, 당신의 결정을 신뢰하세요.

의미로
가득한 삶

새로운 것을
경험하기

타인을
사랑하기

지금
이 순간을 살기

열정을 찾기

보답하기

모든 것을
받아들이기

변화를
만들어가기

발전을
열망하기

현재를 즐기세요	멈추어 보세요	더 깊이 연결되어 보세요
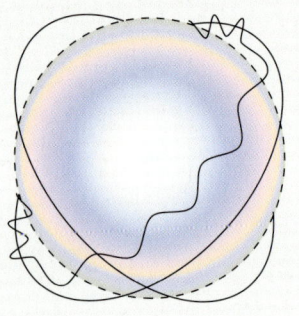	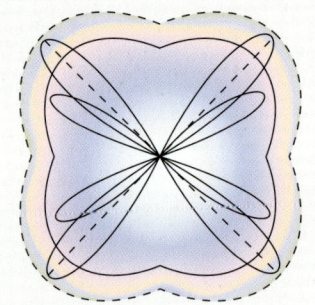	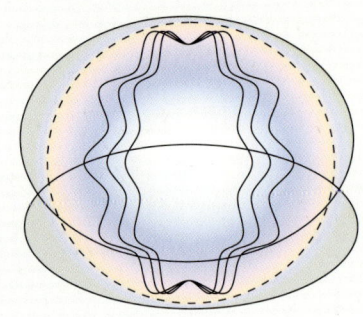

잠시
시간을 내서

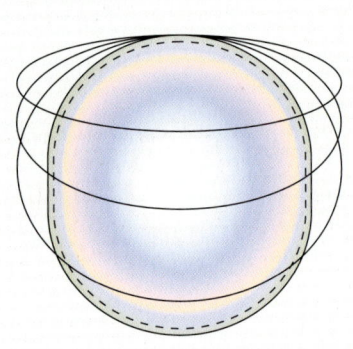	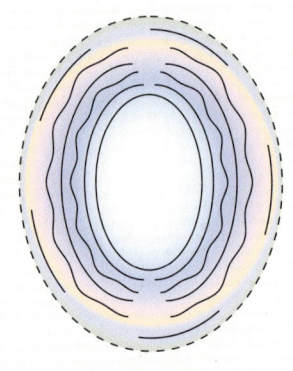	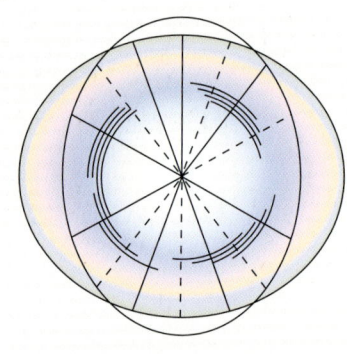
지금 있는 곳에 감사하세요	긍정적인 기운을 발산하세요	친절한 행동을 이끌어 보세요

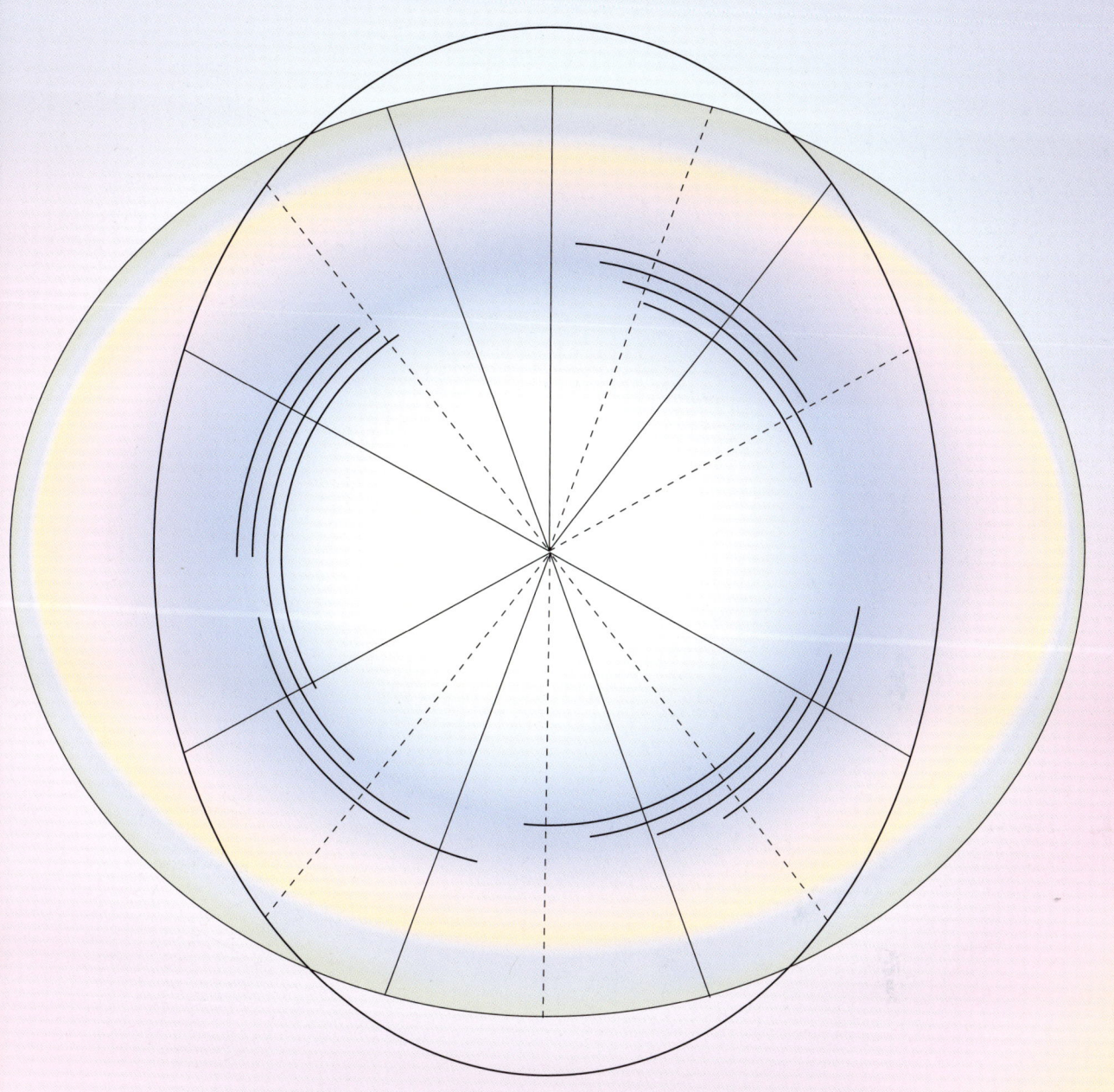

2장

직관

직관은 열정과 소명이라는 진정한 북극성으로 당신을 안내해
줄 나침반입니다. 직관은 세상의 소음을 뚫고서, 옳을 때는
당신을 밀어주고 옳지 않을 때는 경고를 주는 목소리예요.
직관을 따를 때 우리는 기쁨과 자유로움을 느낍니다. 그러나 이
소리를 무시하면 무언가 엇힌 듯한 기분이 들 거예요.

내면의 목소리에 귀 기울이는 데에는 연습이 필요해요.
당신에게 기쁨과 충만함을 가져다주는 일에 관심을
기울임으로써, 내면의 진실과 일치하는 결정을 내리고, 옳은
길로 가고 있음을 확신하는 방법을 배울 수 있습니다.

시끄럽고 혼란스러운 세상에서는 타인의 의견에 휩쓸려 내면의
목소리를 놓치기 쉬워요. 혼자만의 시간을 가지면서 호흡하고
직관의 소리를 듣는 일은, 나만의 길을 찾아감에 있어 꼭
필요합니다. 자신을 신뢰하는 것 또한 배워야 할 하나의
과정이겠지요. 자의식을 확립하고 직관과의 연결 고리를
구축하면, 충만하고 진실한 삶을 사는 데 필요한 명료함과
방향성을 찾을 수 있을 거예요.

믿으세요

당신의

마법을

직감

1. 무엇을 해야 할지 내면 깊이 아는 것

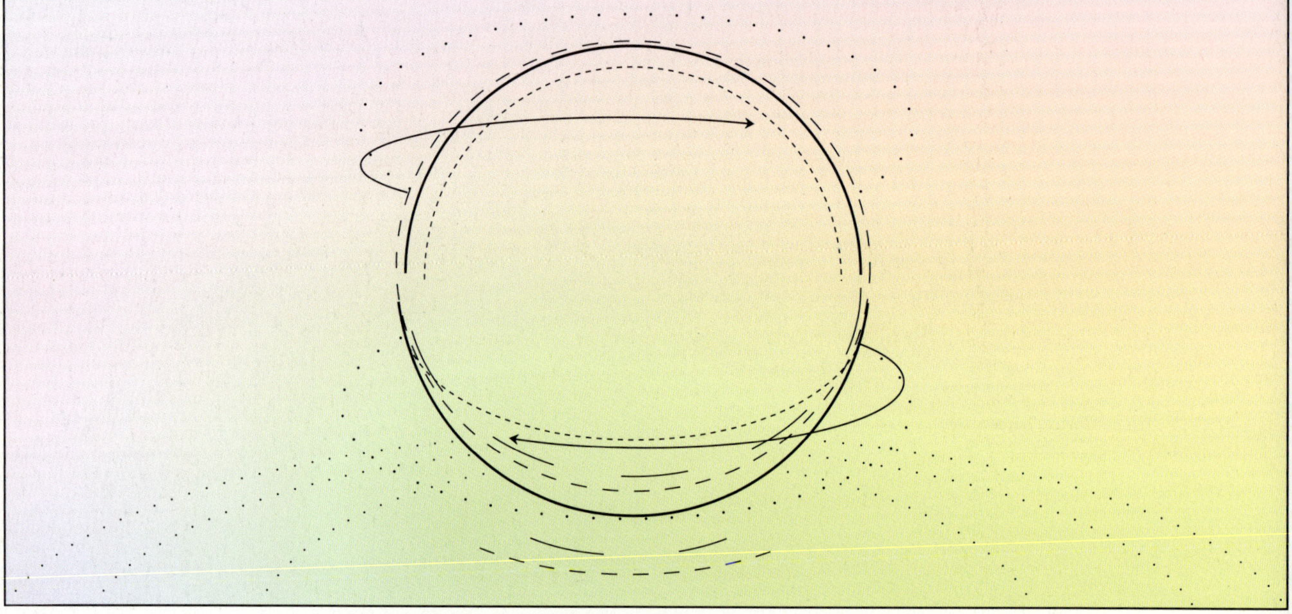

2. 생생한 꿈들

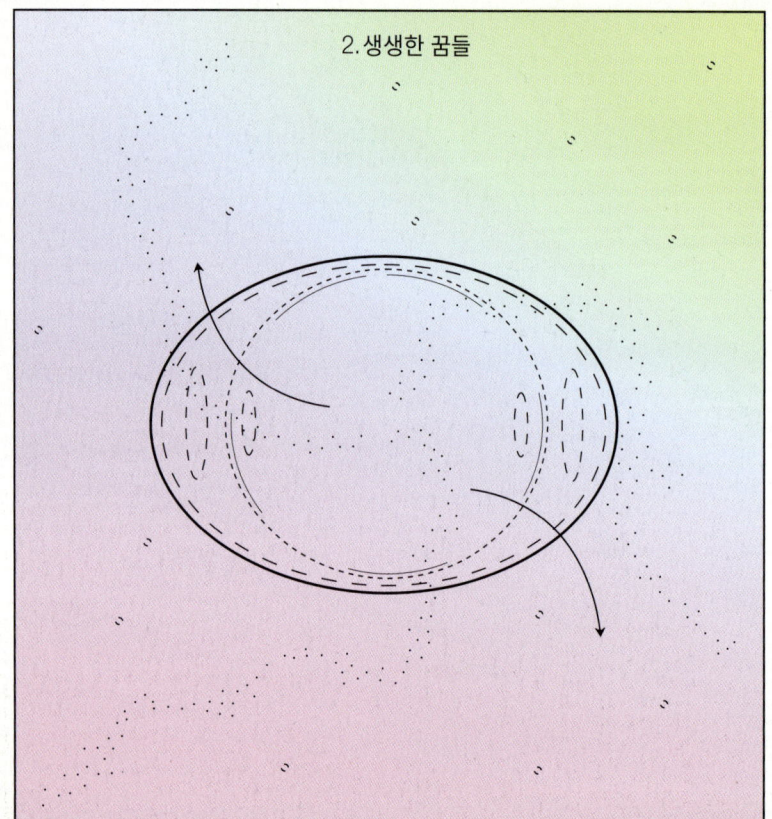

3. 옳고 그름에 대한 예감

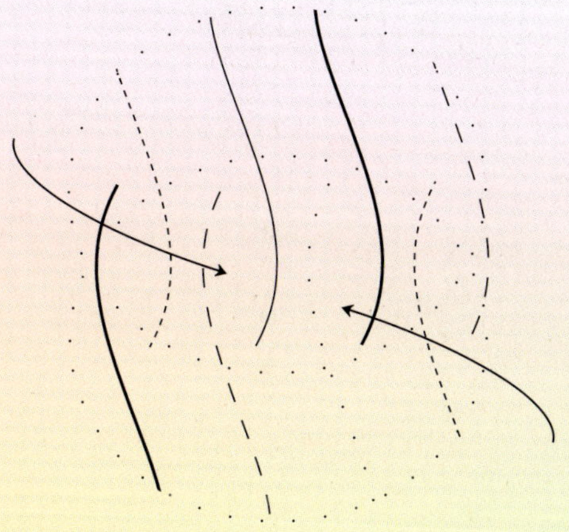

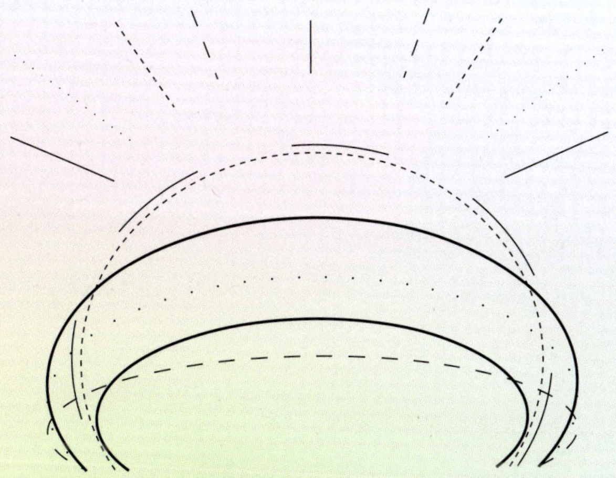

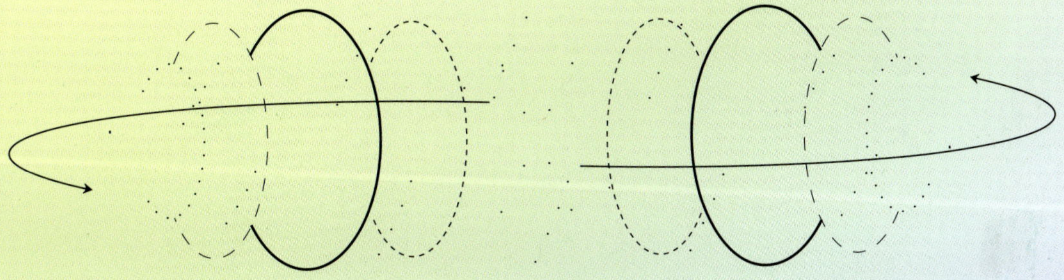

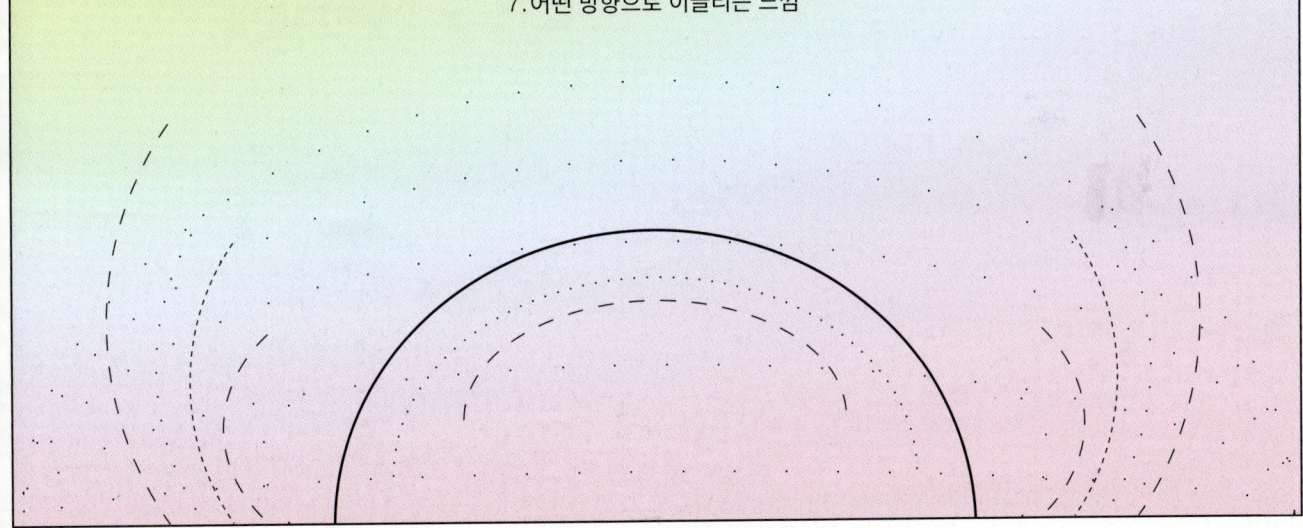

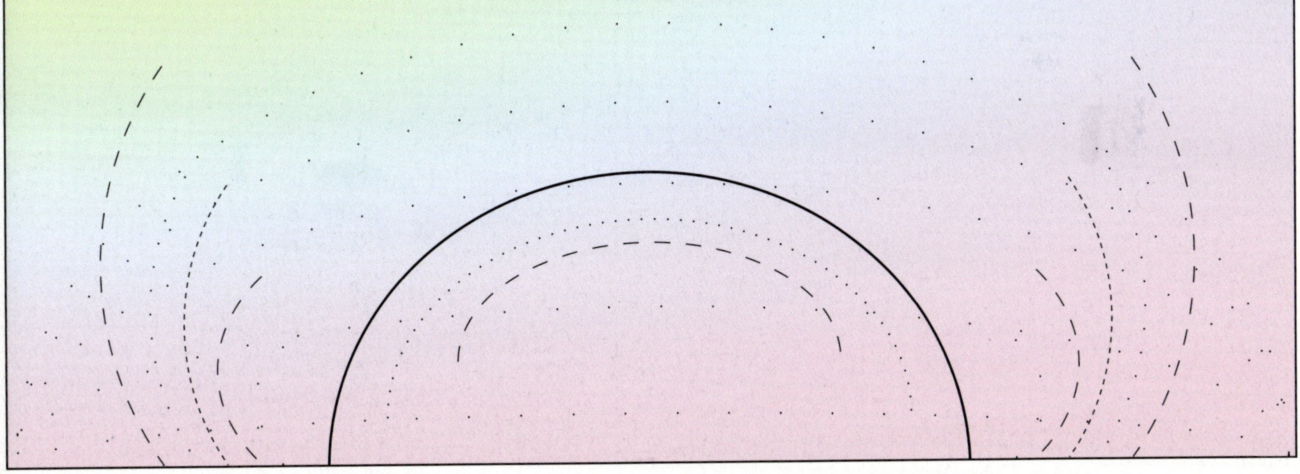

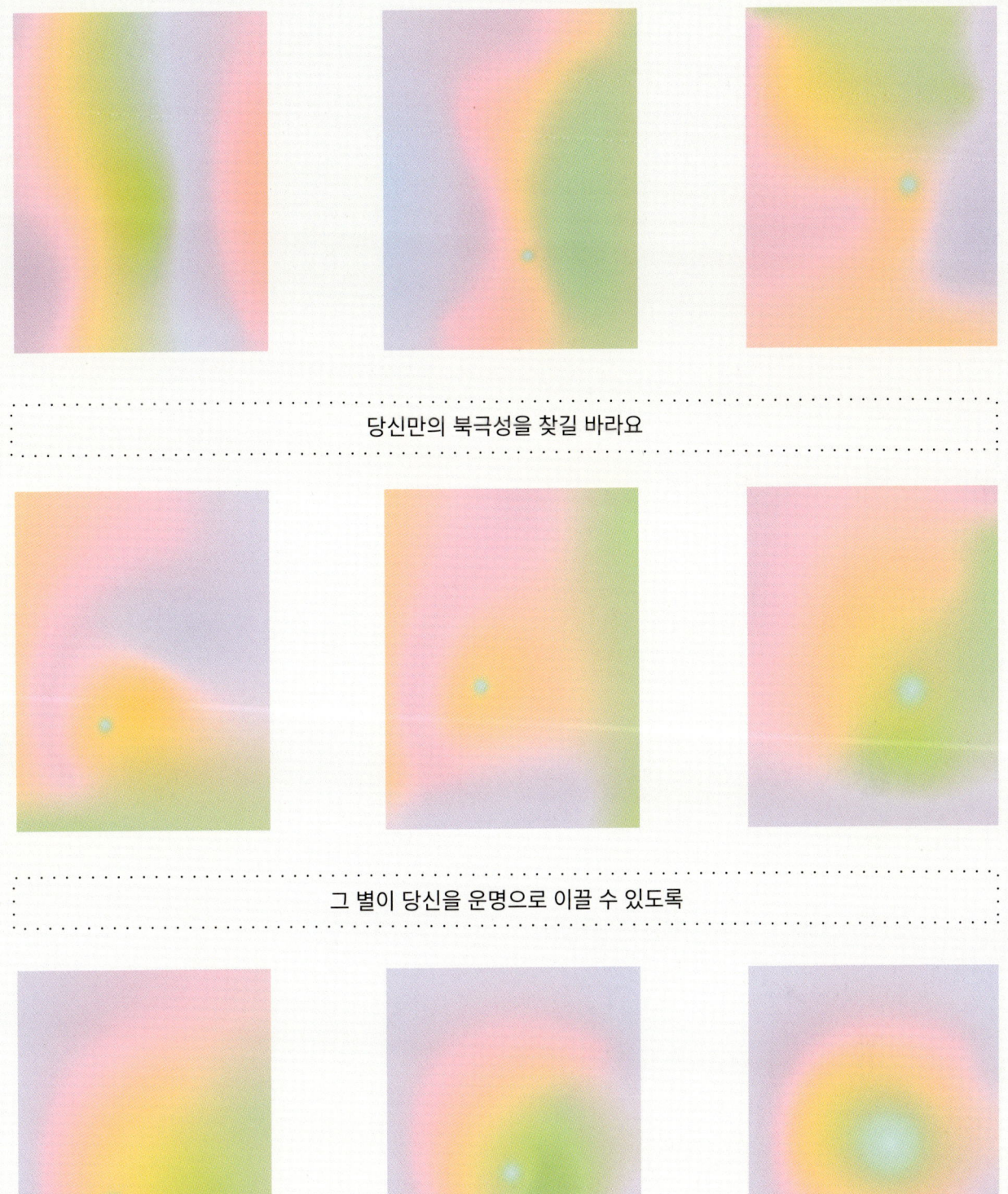

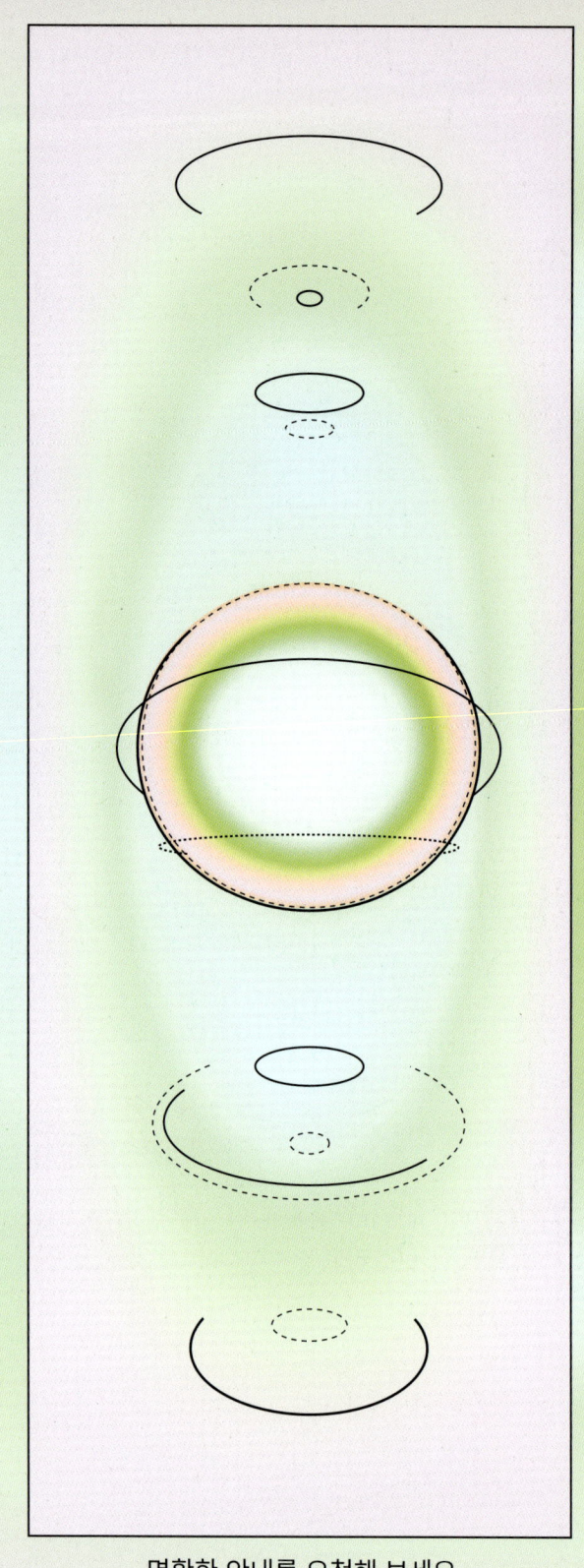

명확한 안내를 요청해 보세요

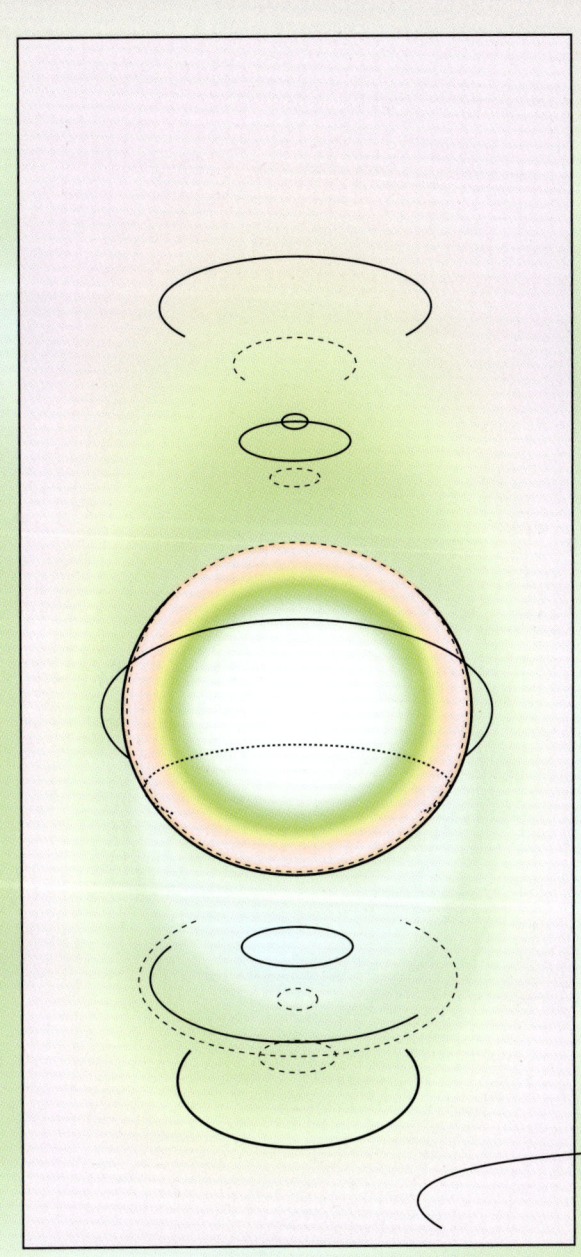
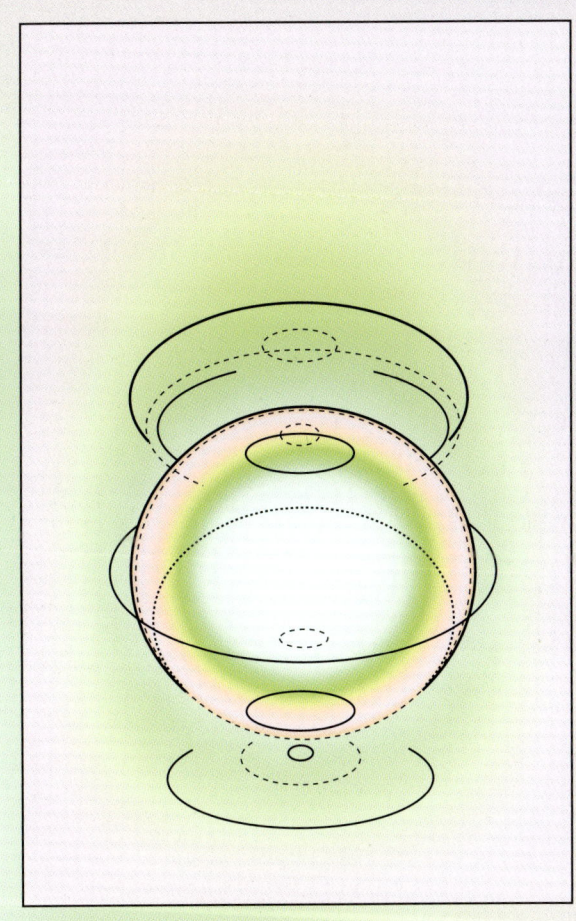

당신에게 보여질 길을

그리고 신뢰하세요

의미 있는 것들

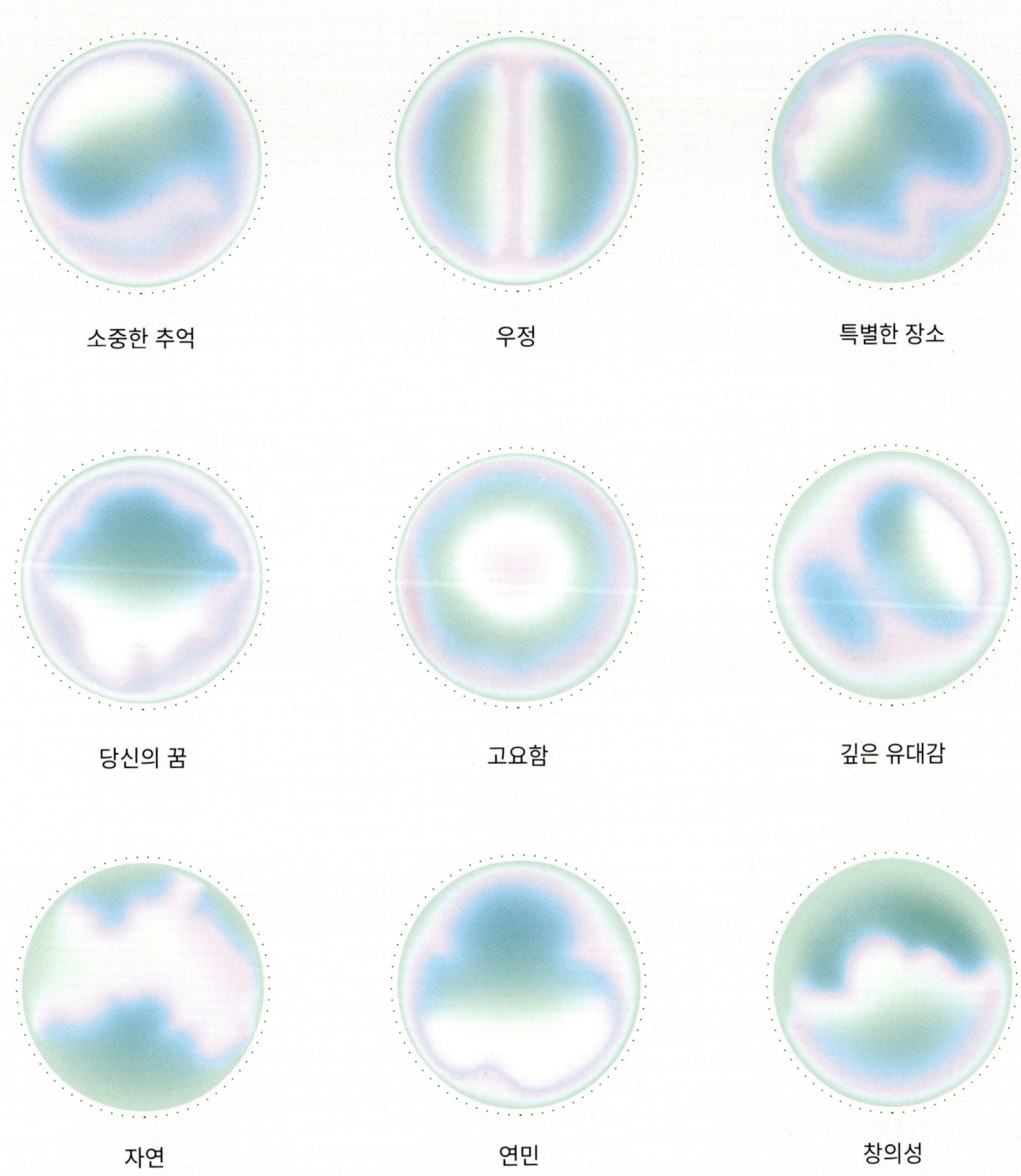

소중한 추억   우정   특별한 장소

당신의 꿈   고요함   깊은 유대감

자연   연민   창의성

나를 위한 시간을 가져보세요

믿고 받아들이기

1. 당신 자신과 스스로의 능력을 믿으세요.

2. 마음과 직관의 소리를 따르세요. 내면의 목소리는 진정 원하는 삶으로 당신을 데려다줄 거예요.

3. 당신의 성취를 도울 너 큰 힘이 당신을 지지하고 이끌어줄 것을 기도하세요.

4. 당신 삶의 좋은 것들과 좋은 사람들에 집중함으로써 긍정적인 생각과 낙관성을 기르세요.

5. 생각하지도 못한 방법으로 우주가 당신을 돕고 있음을 신뢰하세요.

6. 마지막으로, 감사를 표현하고 긍정적인 시각을 유지하세요. 감사는 당신의 삶에 더 많은 풍요와 긍정적인 것들을 불러와요.

당신은 가고 있어요

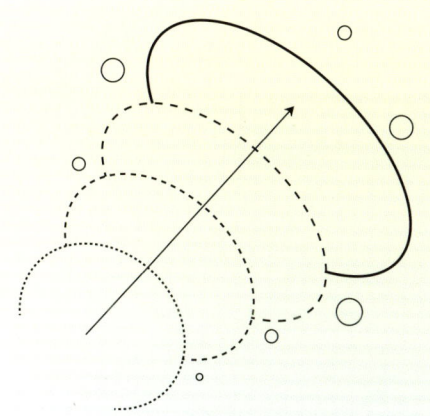

지금껏 얼마나 멀리 왔는지 보세요

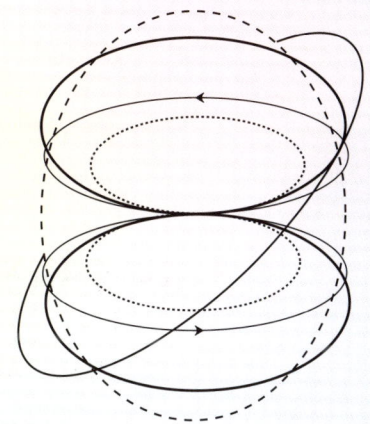

받을 거라고
믿으세요

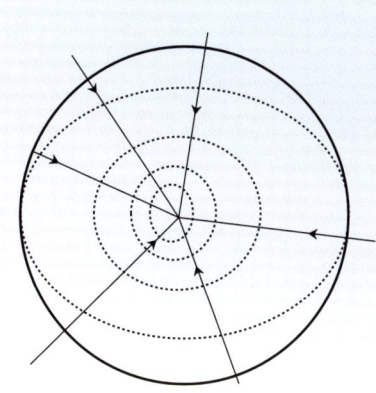

내면의 목소리를 믿으세요

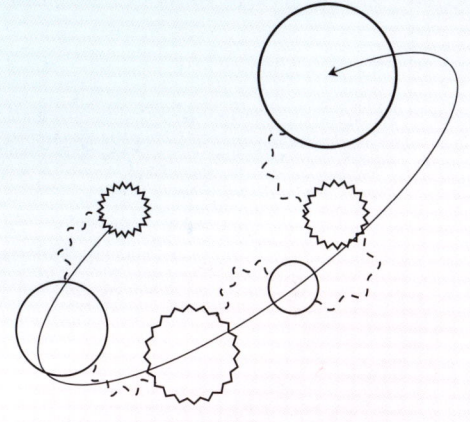

매일 사고를 전환해 보세요

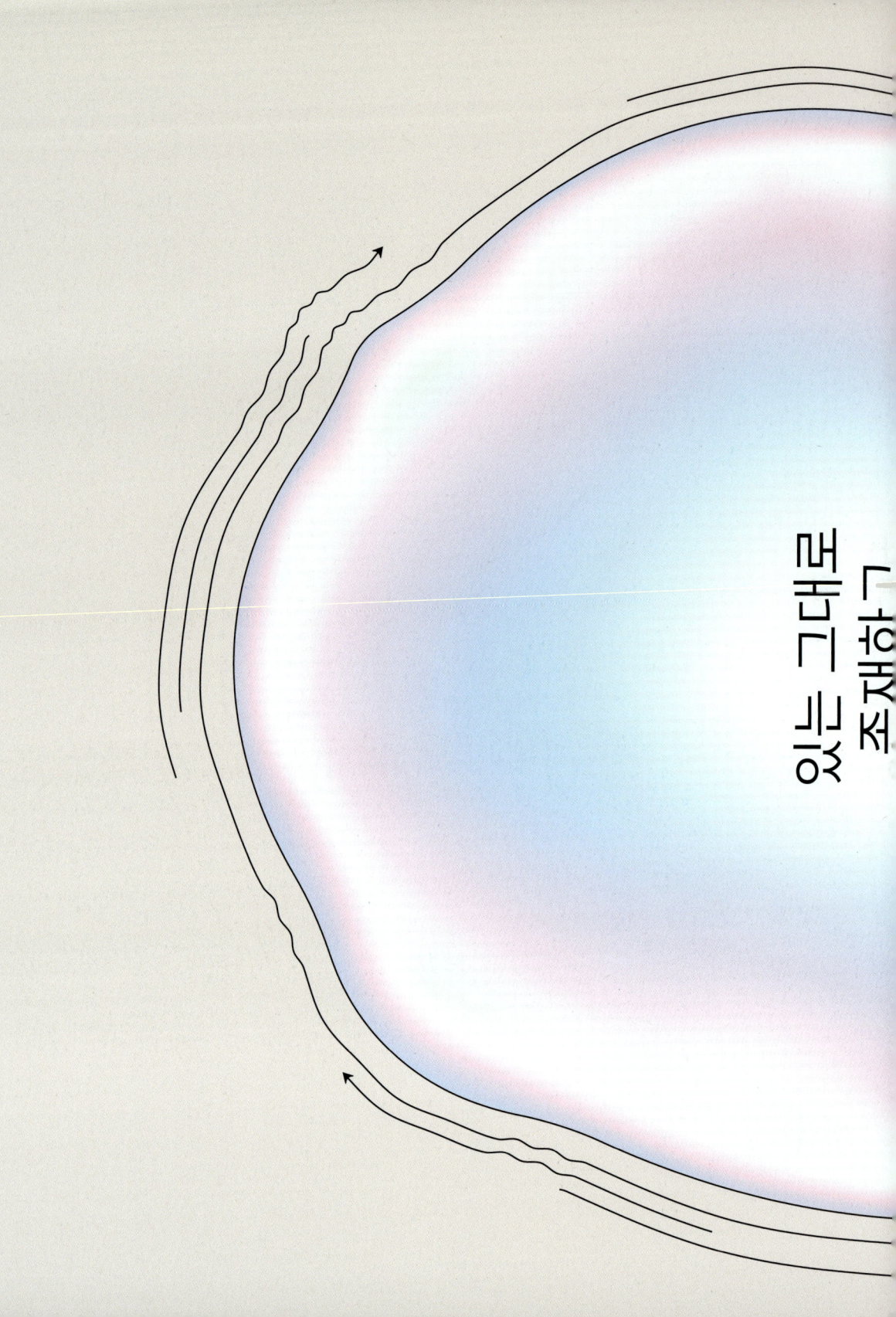

있는 그대로
존재하기

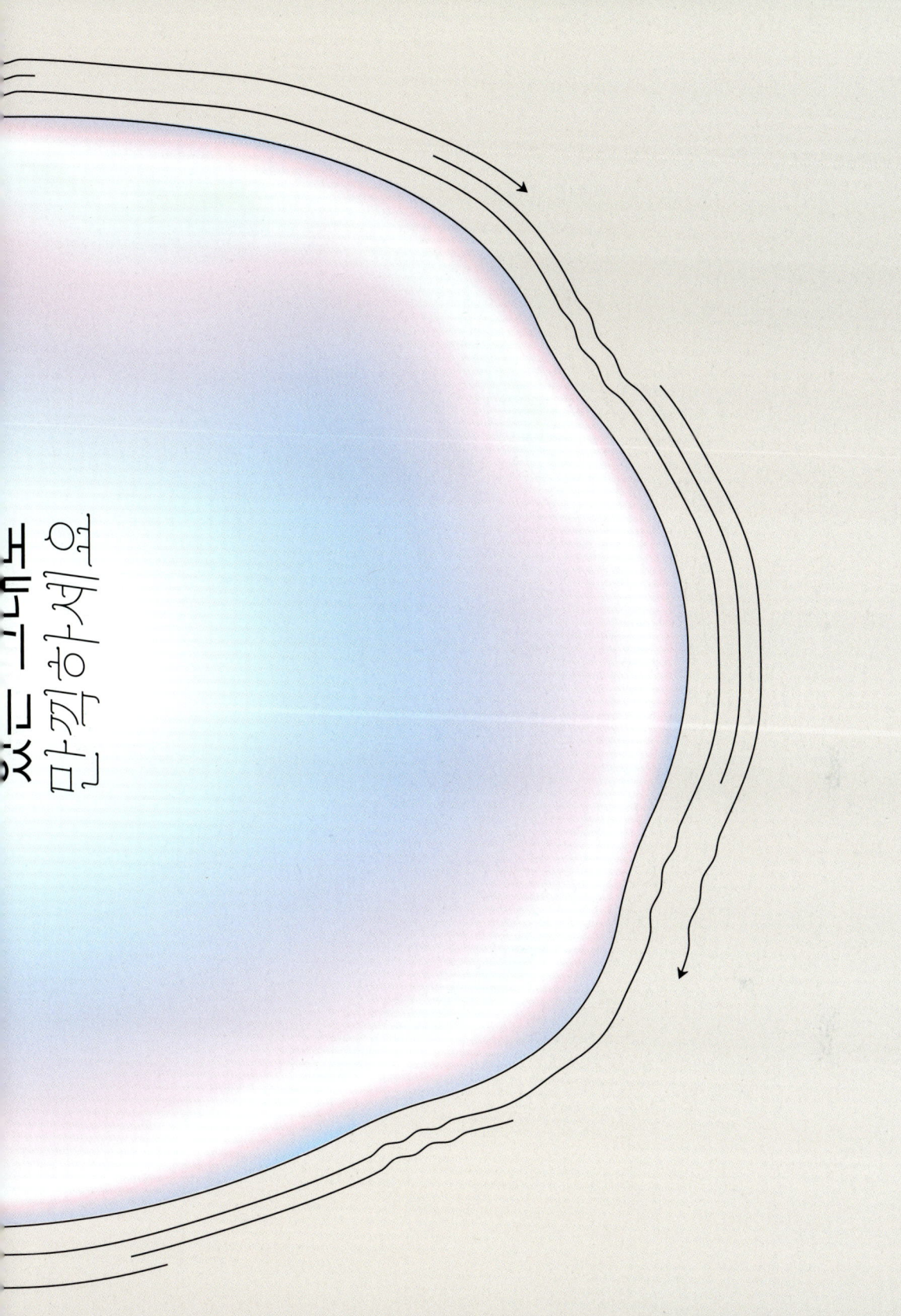

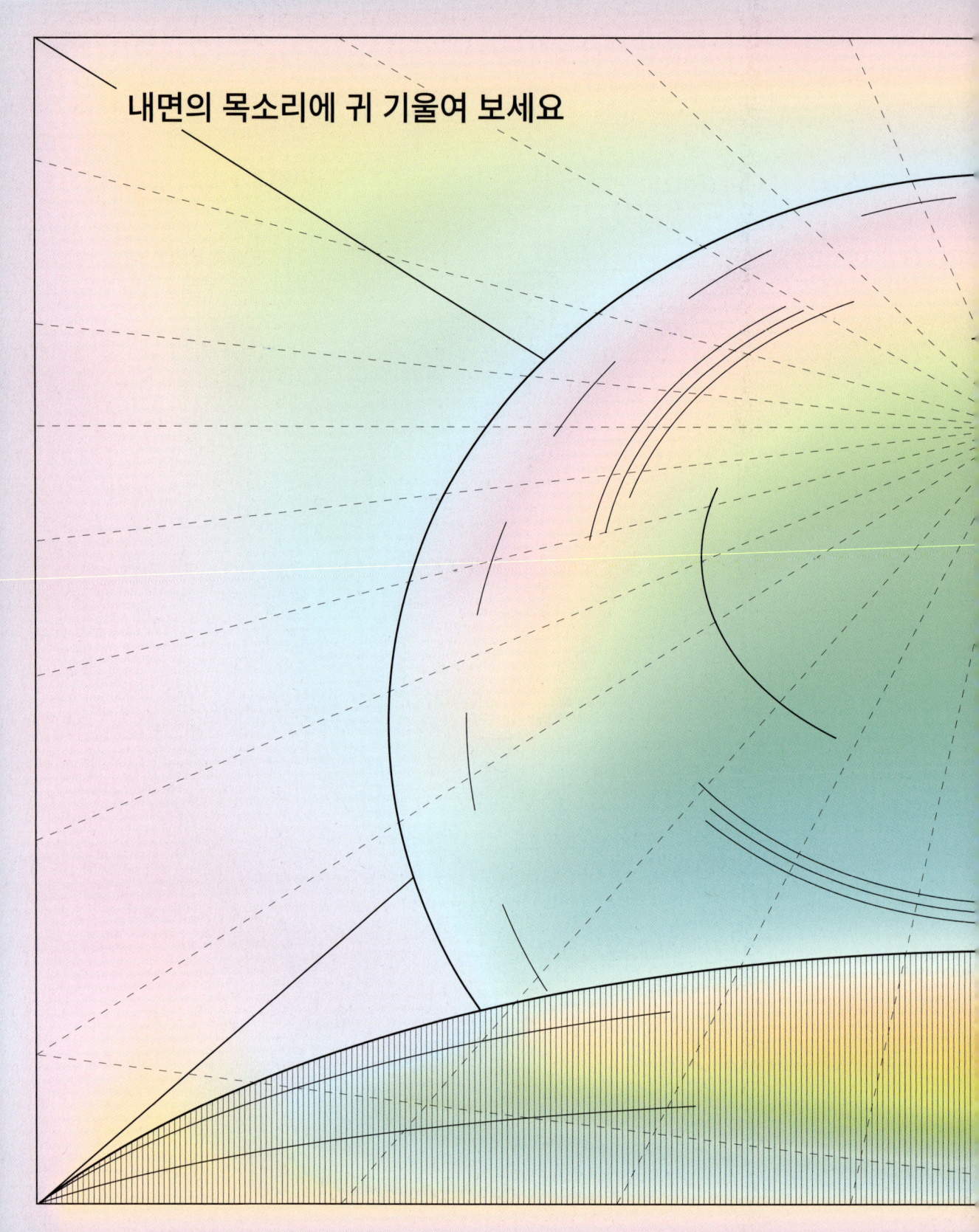

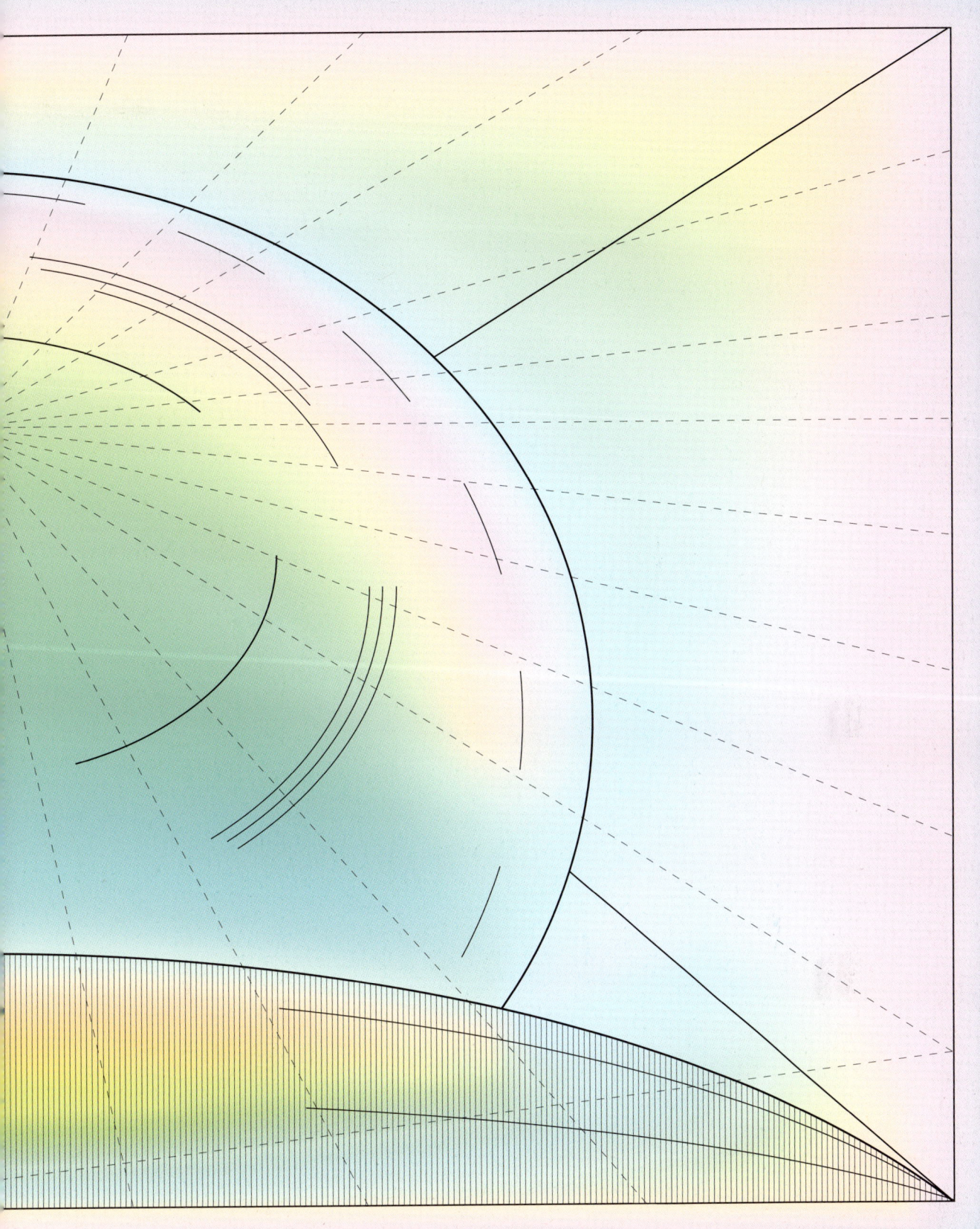

좋은 것들만 들이마시고

친절 - 연민 - 관용 - 감사 - 정직 - 존중 - 공감 - 기쁨

나쁜 것들은 모두 뱉어내세요

불신 - 무관심 - 인색 - 불평 - 거짓 - 조바심 - 무례 - 슬픔

미소 짓게 하는 일을 하세요

첫 번째 원은 인생의 목적,
두 번째 원은 인생의 방향,
세 번째 원은 삶의 열정과 연결되어 있습니다.

인생의 행복은 이 세 가지 원이 중제입니다.
스스로 물어보세요.
'이 세 가지 원을 합치면 뭐가 있을까?'

무엇이 당신을 기쁘게 하는지 발견하기:

종이 한 장을 준비해 세 개의 원을 겹치게 그립니다.

첫 번째 원에는 내가 본능적으로 끌리는 일들을 적어보세요.
두 번째 원에는 내가 사랑하는 일들을 적어보세요.
세 번째 원에는 내가 깊이 열정을 느끼는 일들을 적어보세요.

고요를 수련하는 법

밖으로 나가세요.
앉을 자리를 찾거나
산책을 해도 좋아요.

충분히 편안함을 느낄 때,
비로소 당신이 있는 그 공간을 누릴 수 있어요.

고요함을 누려보세요.
얼굴 위로 내려앉은 햇볕을 누려보세요.
머리를 흩날리는 바람을 누려보세요.

있는 그대로를 즐기세요.

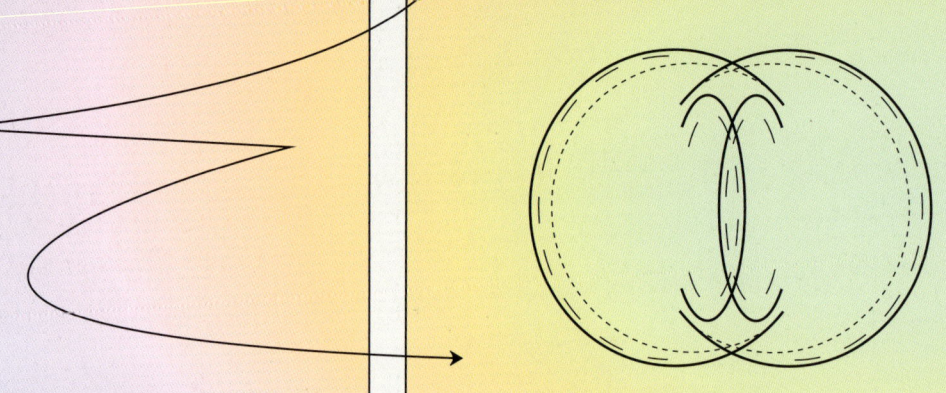

고요는 이완과 평화를 느끼는 평온의 상태입니다.
자신과 다시 연결되도록 고요의 순간을 가져보세요.

몸을 이완하고
차분한 문장들을 읊으며
마음을 고요히 하세요.

모든 것은 괜찮아.
나는 잘하고 있어.
내 마음은 가벼워.
나는 평화로움을 느껴.
나는 평온해.

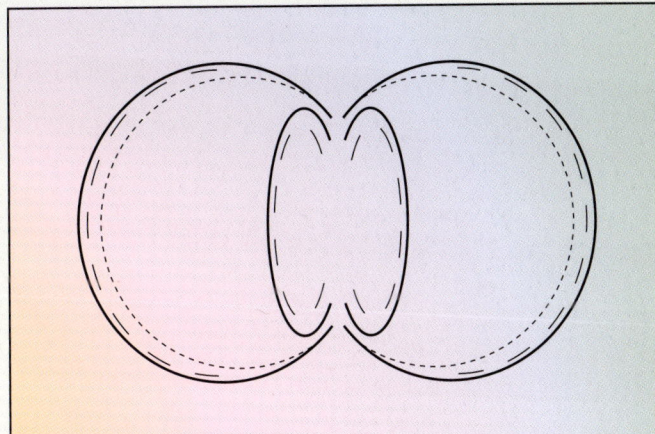

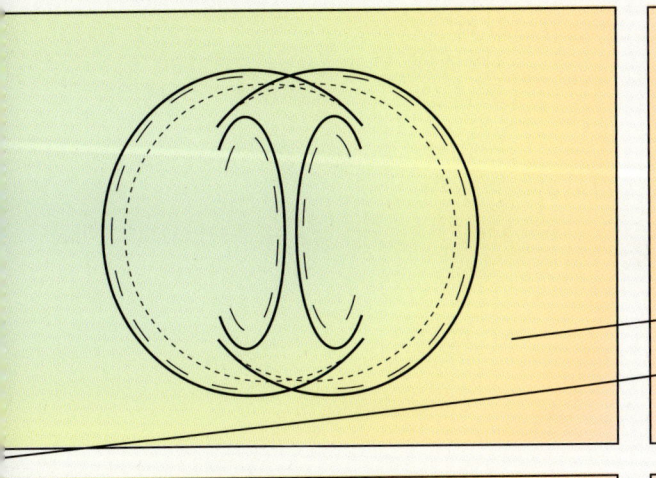

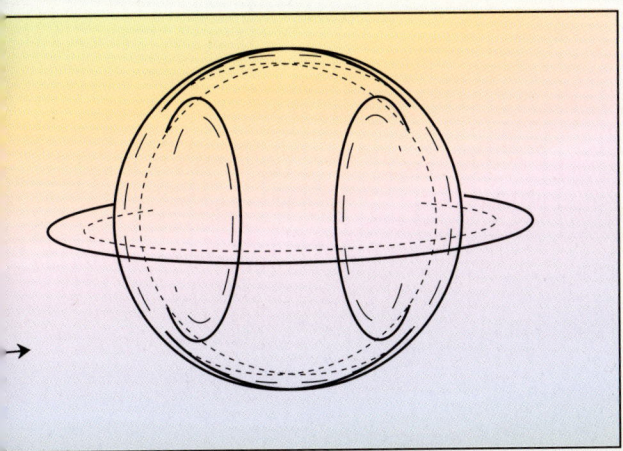

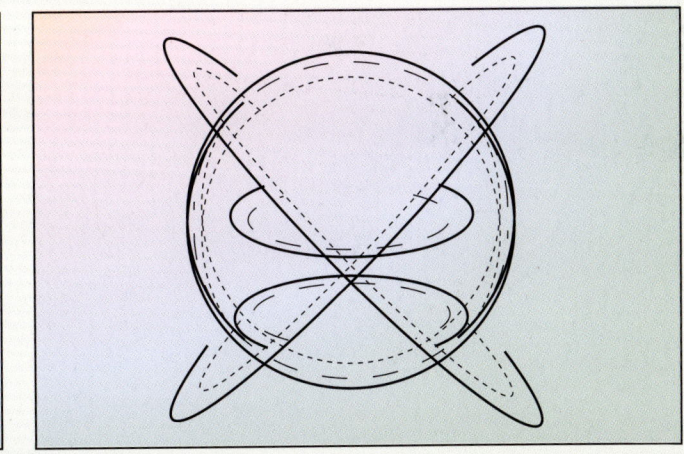

직관의 목소리와 연결되세요

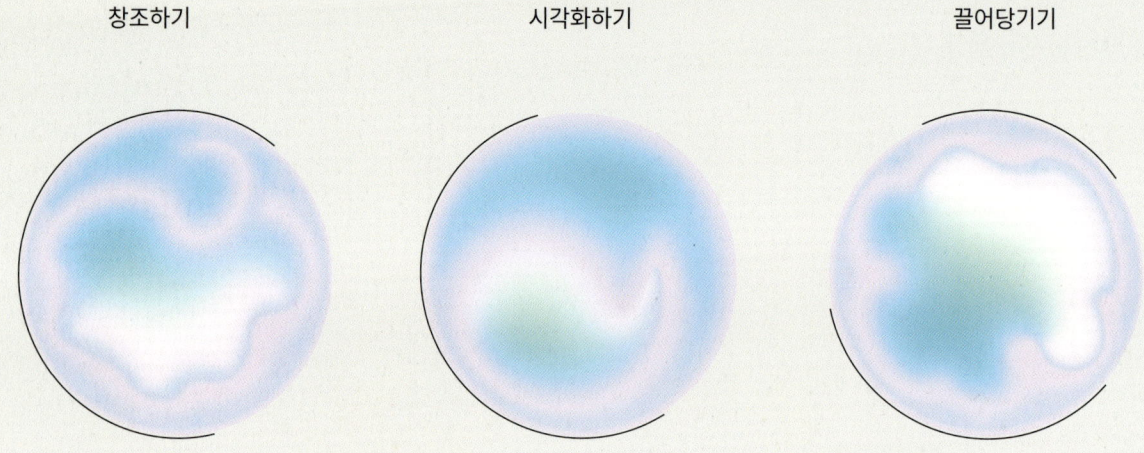

다음과 같이
생각을 활용하세요

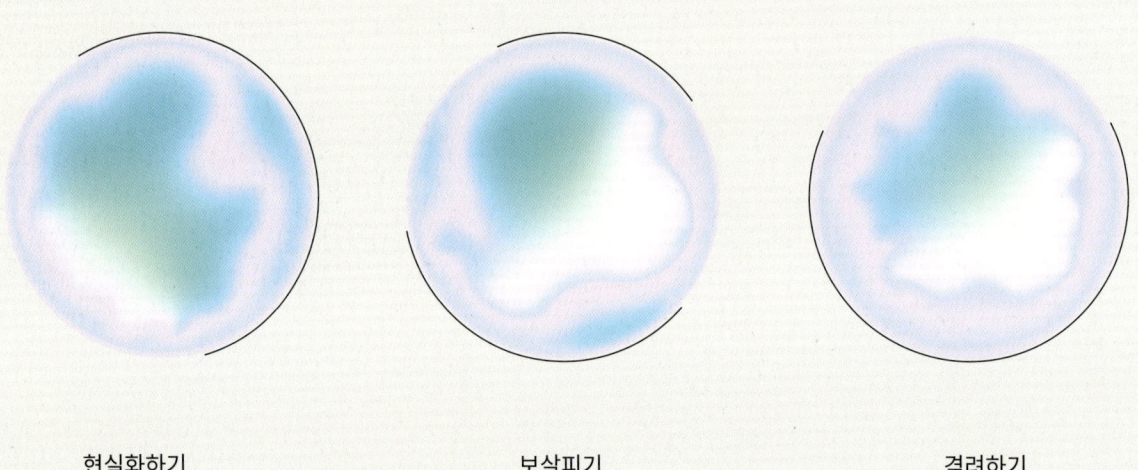

나의 에너지를 보살피세요

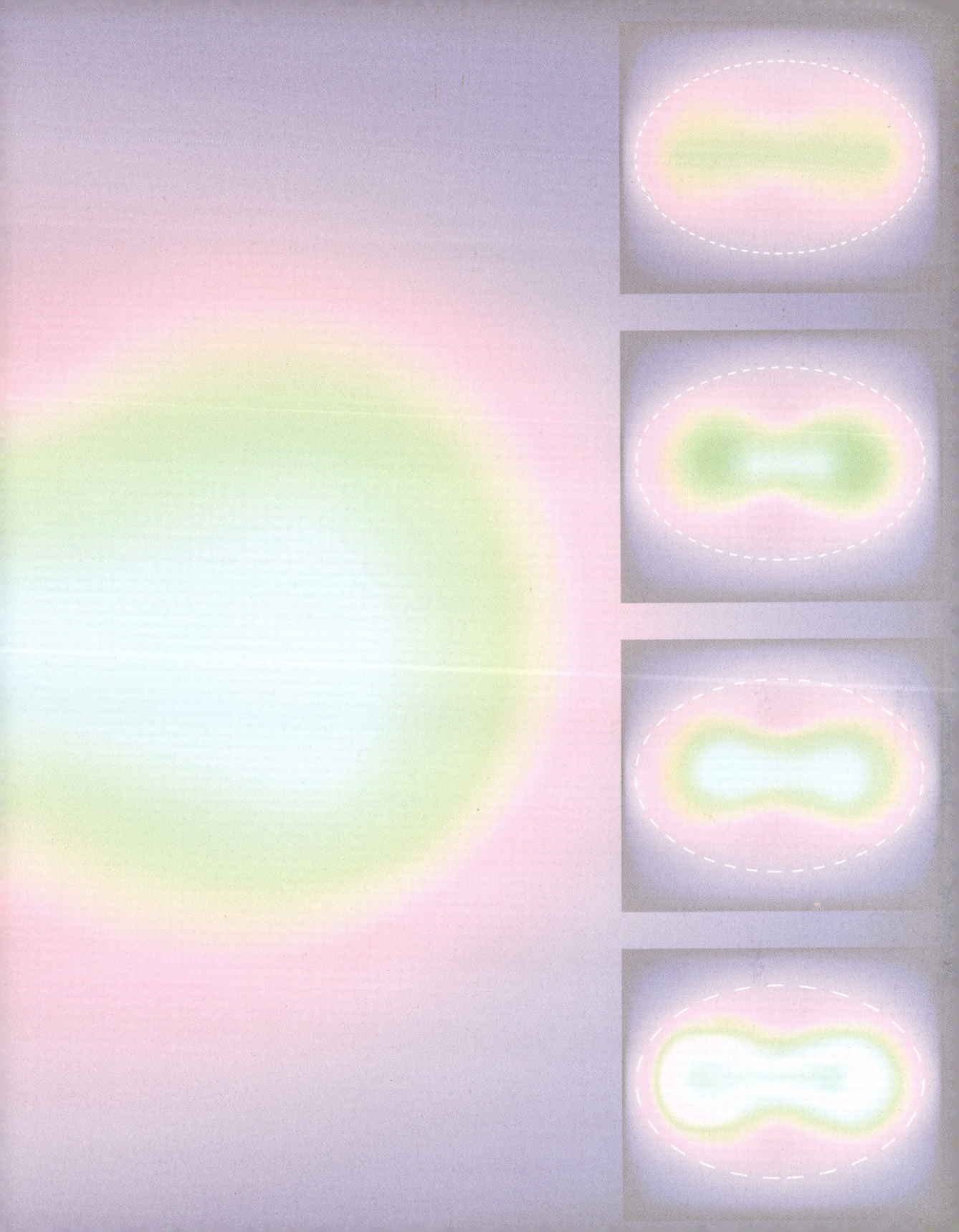

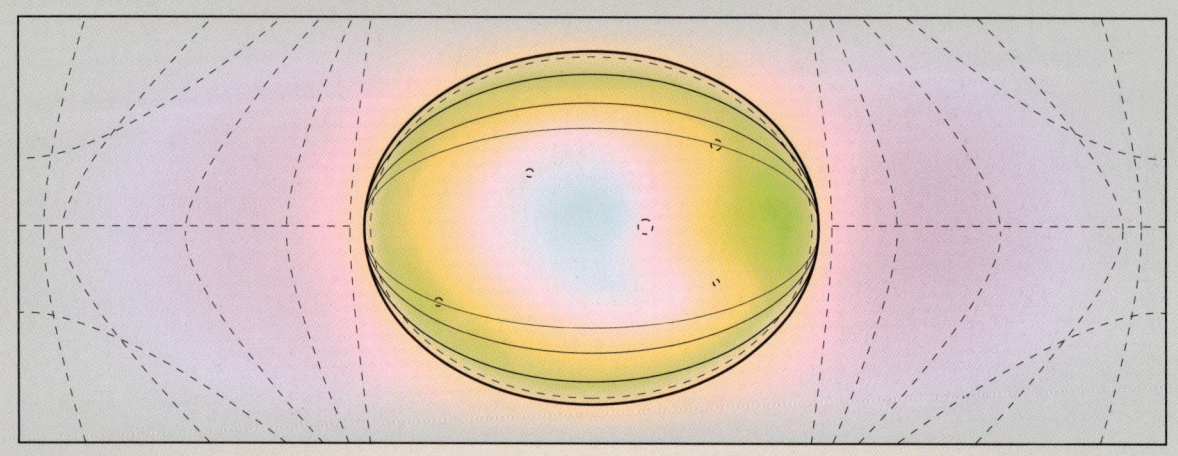

진실되고 참된 느낌이 든다면,

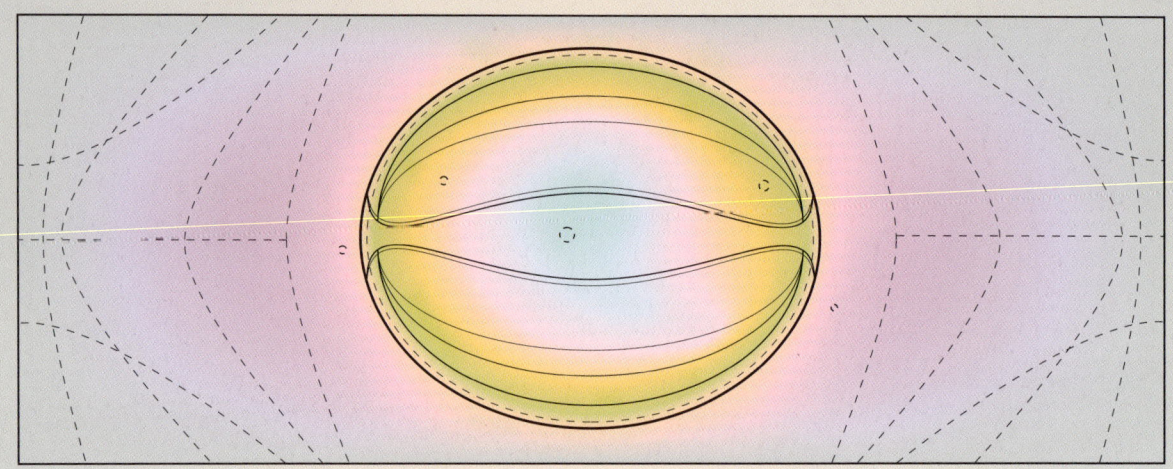

당신은 올바른 방향으로 가고 있는 거예요

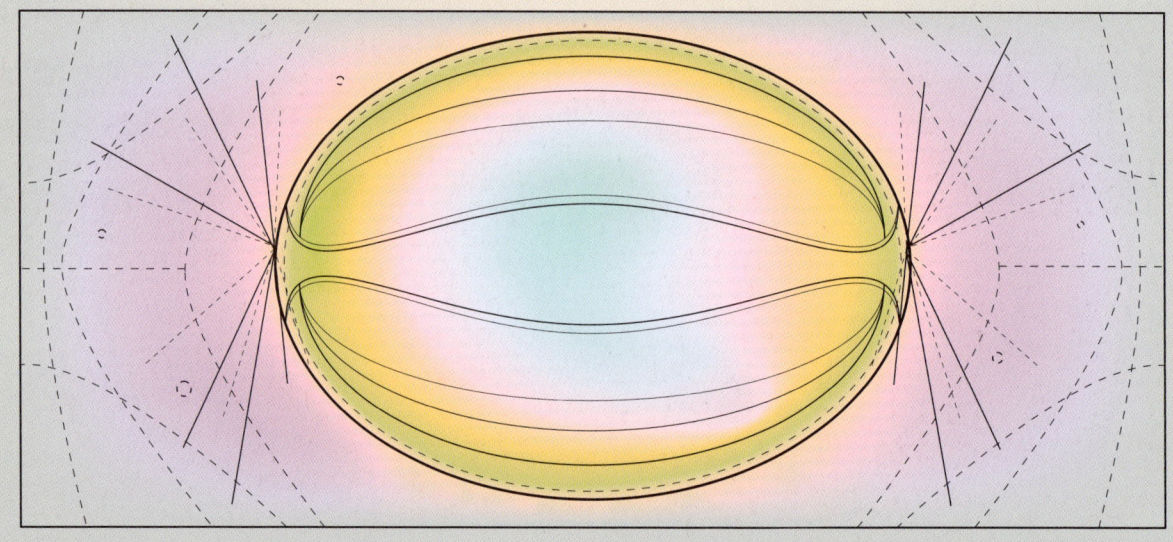

나는 보호받고 있다
나는 발전을 선택한다
나는 나 자신을 사랑하고 인정한다
나에겐 충분한 시간이 있다
나는 축복받았다

확언

영혼 재충전하기

1. 마음을 달래주는 따뜻한 샤워를 합니다.
   몸의 긴장과 부정적인 기운이 씻겨나가게 두세요.

2. 물 아래에 서 있으면서, 몸을 정화하고 정신에
   활력을 불어넣는다고 상상해요.

3. 심호흡을 하며, 어떤 스트레스나 걱정도 사라지고
   평온함만 남았다고 머릿속에 그려보세요.

4. 평온한 이 순간에 집중하고, 잡념은 모두
   내려놓아요.

5. 샤워 후에는 포근한 담요로 몸을 감싸고 편안하게
   앉거나 누우세요.

6. 주변의 따뜻하고 편안한 분위기에 몸을 내맡기고
   완전히 이완해요.

7. 긴장이 풀어지고 몸이 충전되도록 들숨과 날숨에
   집중하여 깊고 느린 숨을 이어가요.

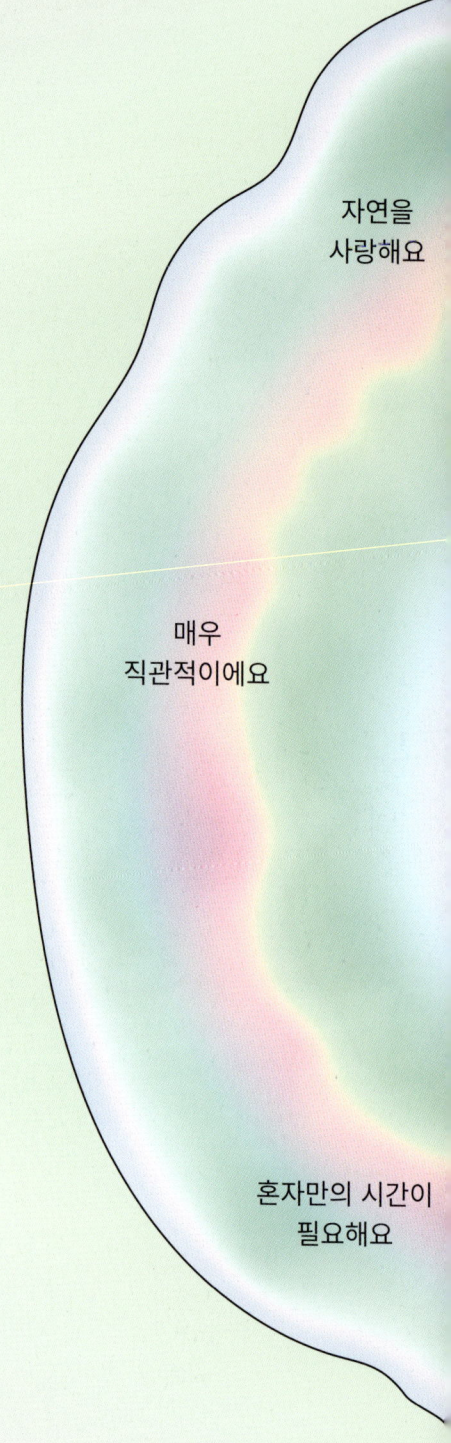

자연을 사랑해요

매우 직관적이에요

혼자만의 시간이 필요해요

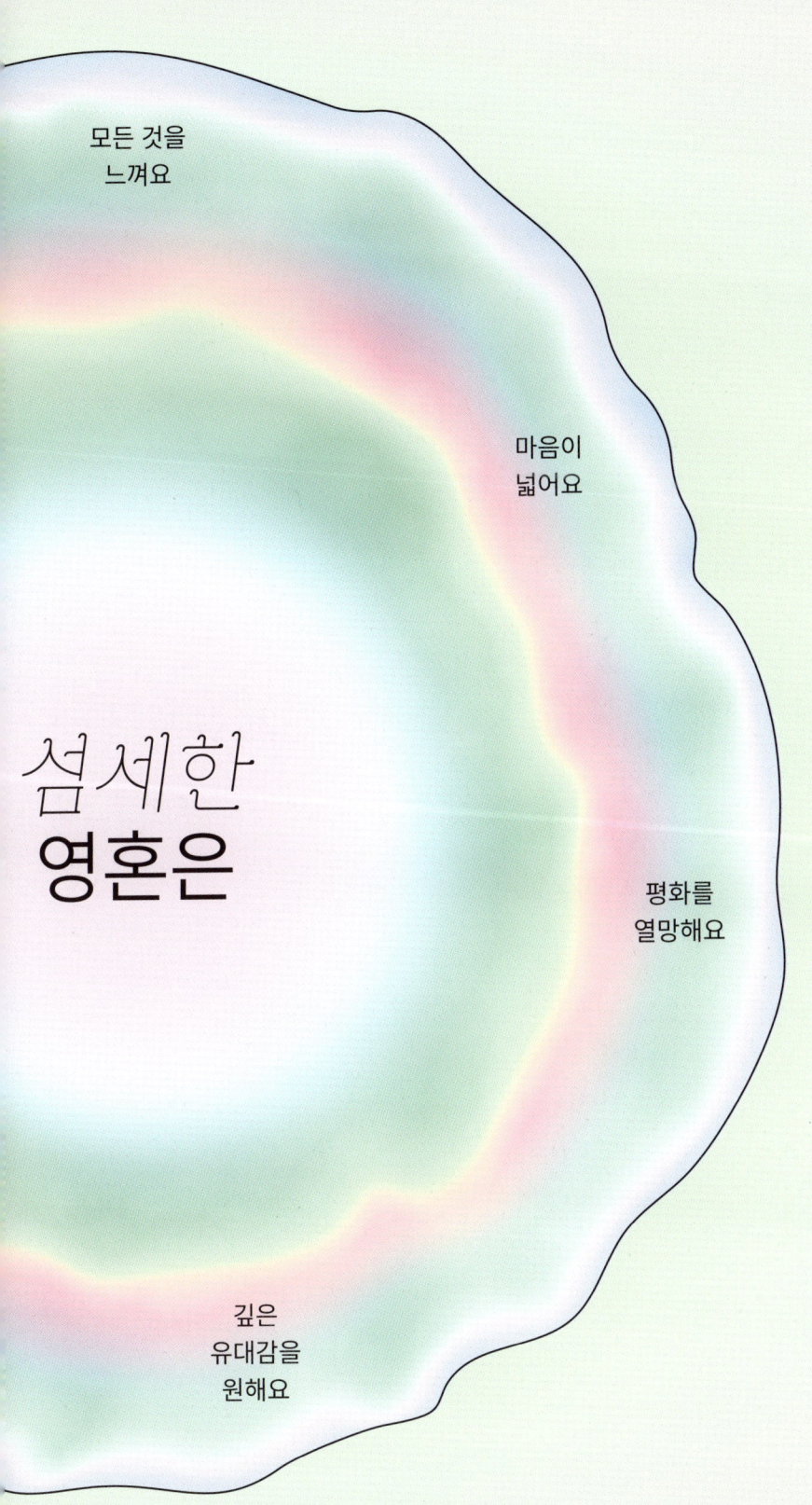

3장

변화

변화는 삶의 필수 요소입니다. 자연의 순환처럼, 우리 또한 계절을 지납니다. 삶에서는 그 무엇도 정체되지 않아요. 익숙한 것을 떠나 새로 시작해야 하는 것은 두렵고 벅찰 수 있지만, 변화는 성장과 개선을 위한 기회입니다. 이를 열린 마음으로 받아들일 때, 변화는 새로운 가능성과 놀랄 만한 멋진 경험을 우리에게 선사할 거예요.

또한 변화는 새로운 관점과 통찰을 주며, 사물에 신선한 방식으로 다가갈 기회를 제공합니다. 스스로도 가진 줄 몰랐던 강점이나 능력을 발견할 수도 있어요. 우리가 변화를 기회로 바라보기 시작할 때, 비로소 성장과 발전을 위한 자양분으로 삼을 수 있게 됩니다. 변화에 따른 모든 것을 받아들이세요. 이것이 당신을 있어야 할 곳으로 이끌어줄 것을 믿어보세요.

1.

우리 안에도

2.

태양처럼

3.

빛이 있어요

4.

1.

우리에게도

2.

자연처럼

3.

모든 계절이 필요해요

4.

삶은 저절로 그리고 자연스럽게 펼쳐져요…

항상 그리고 영원히 변화해나가요

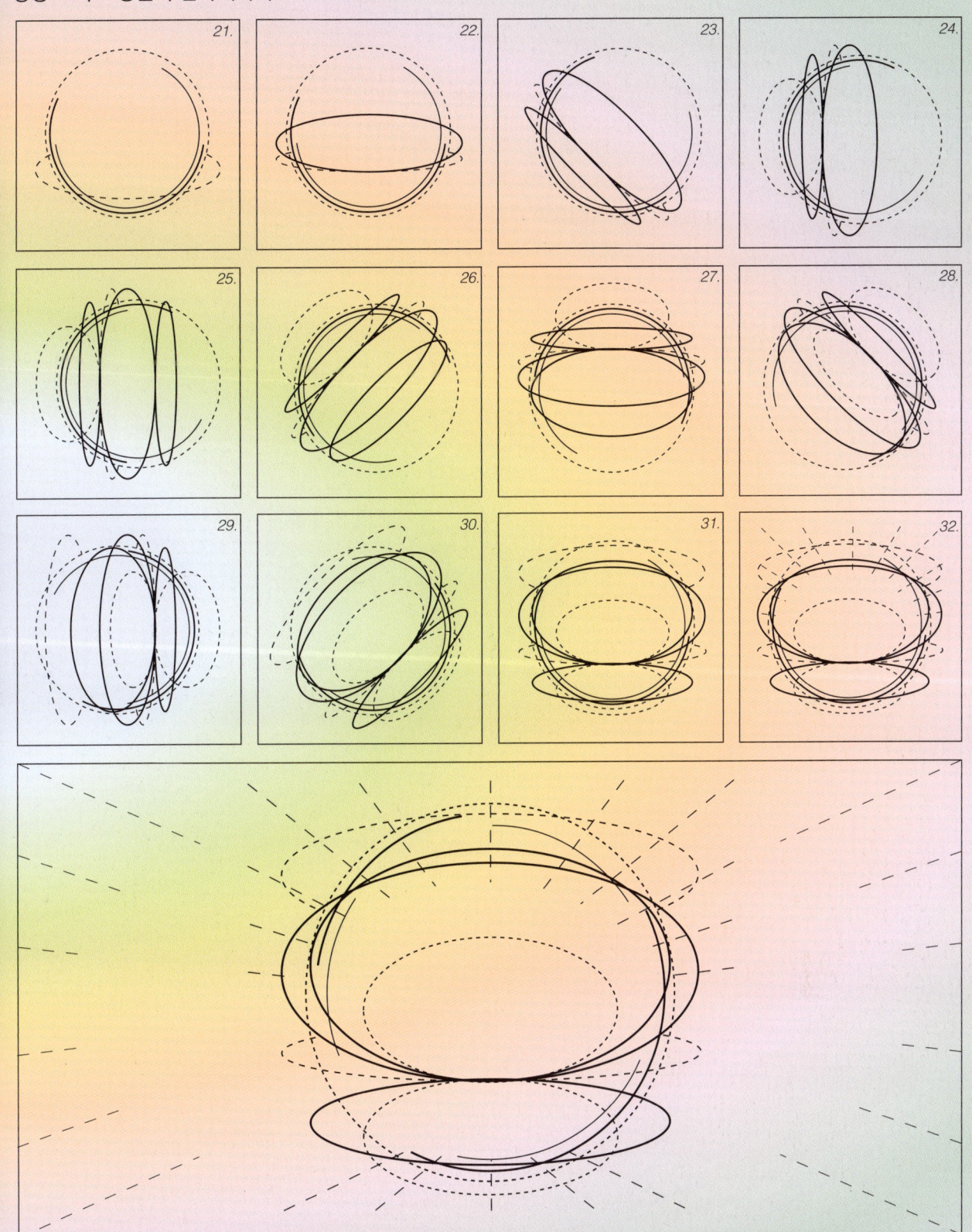

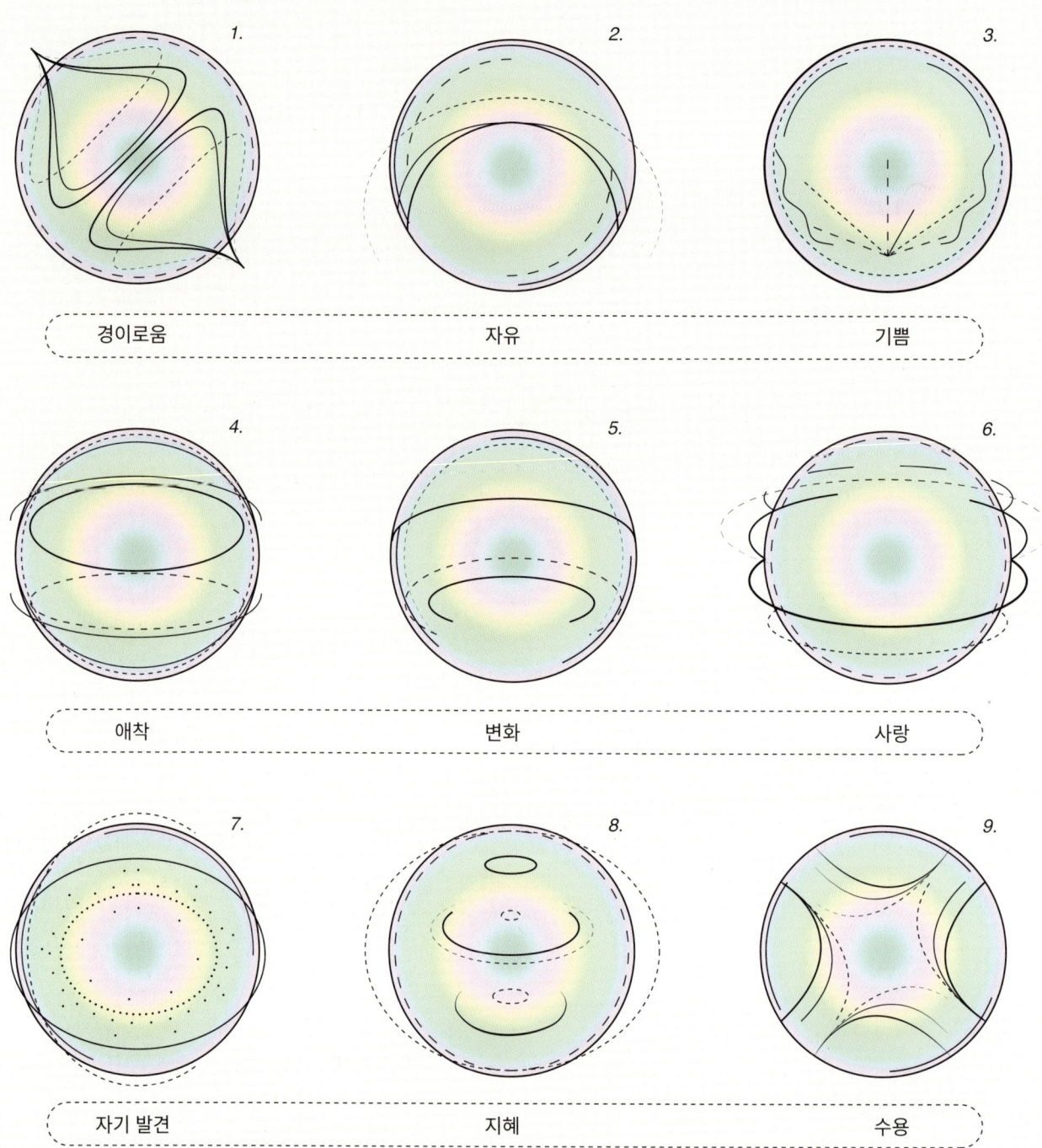

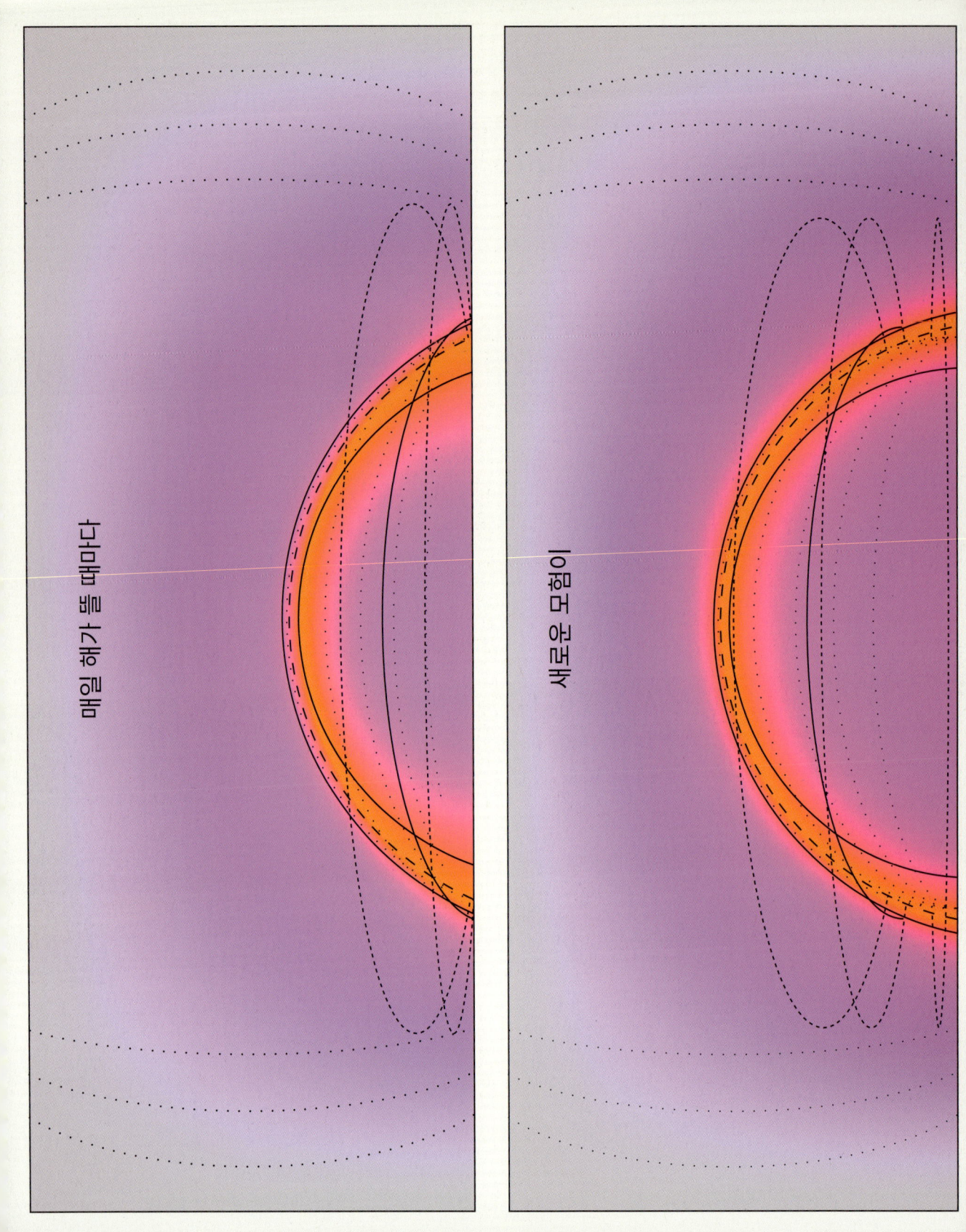

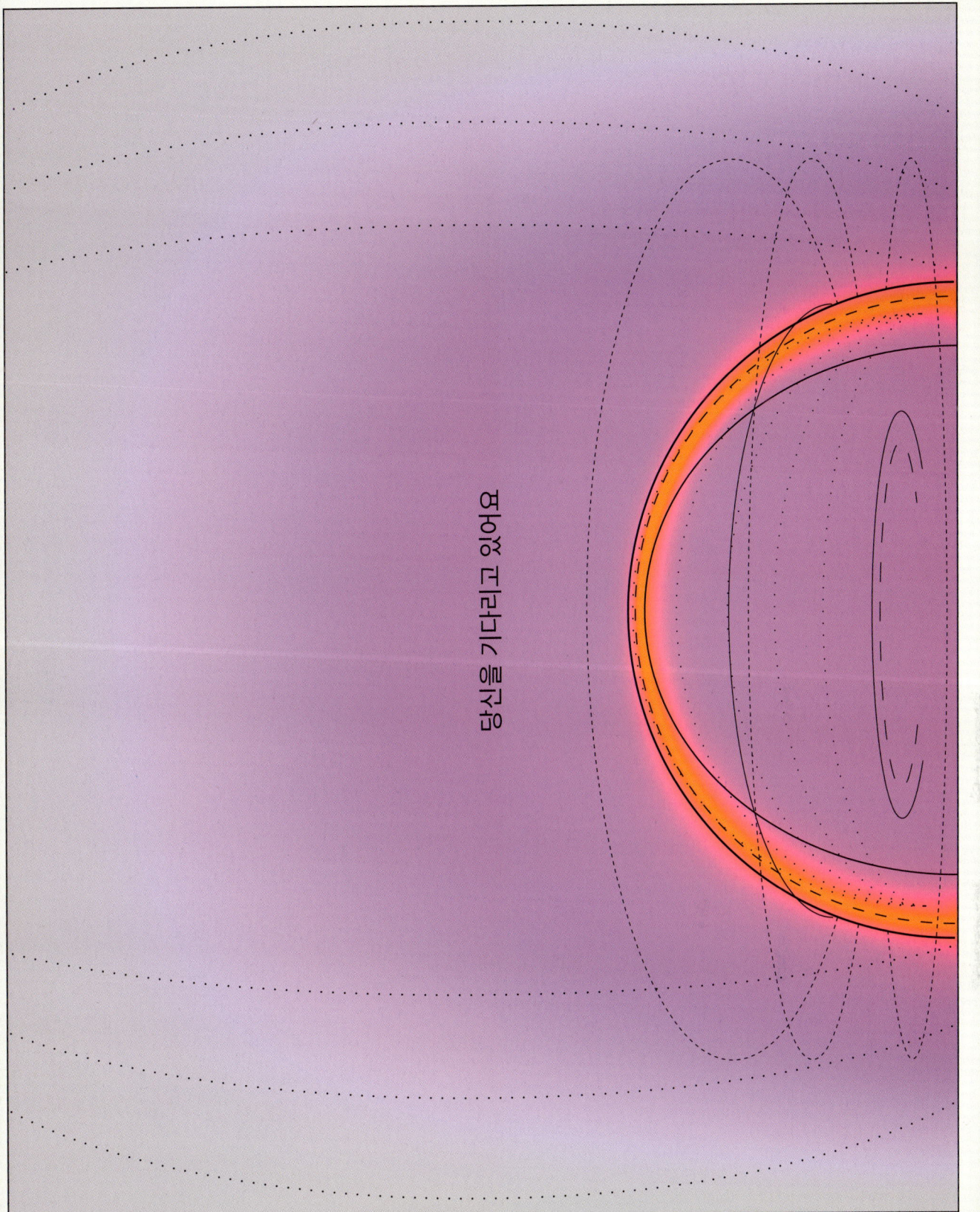

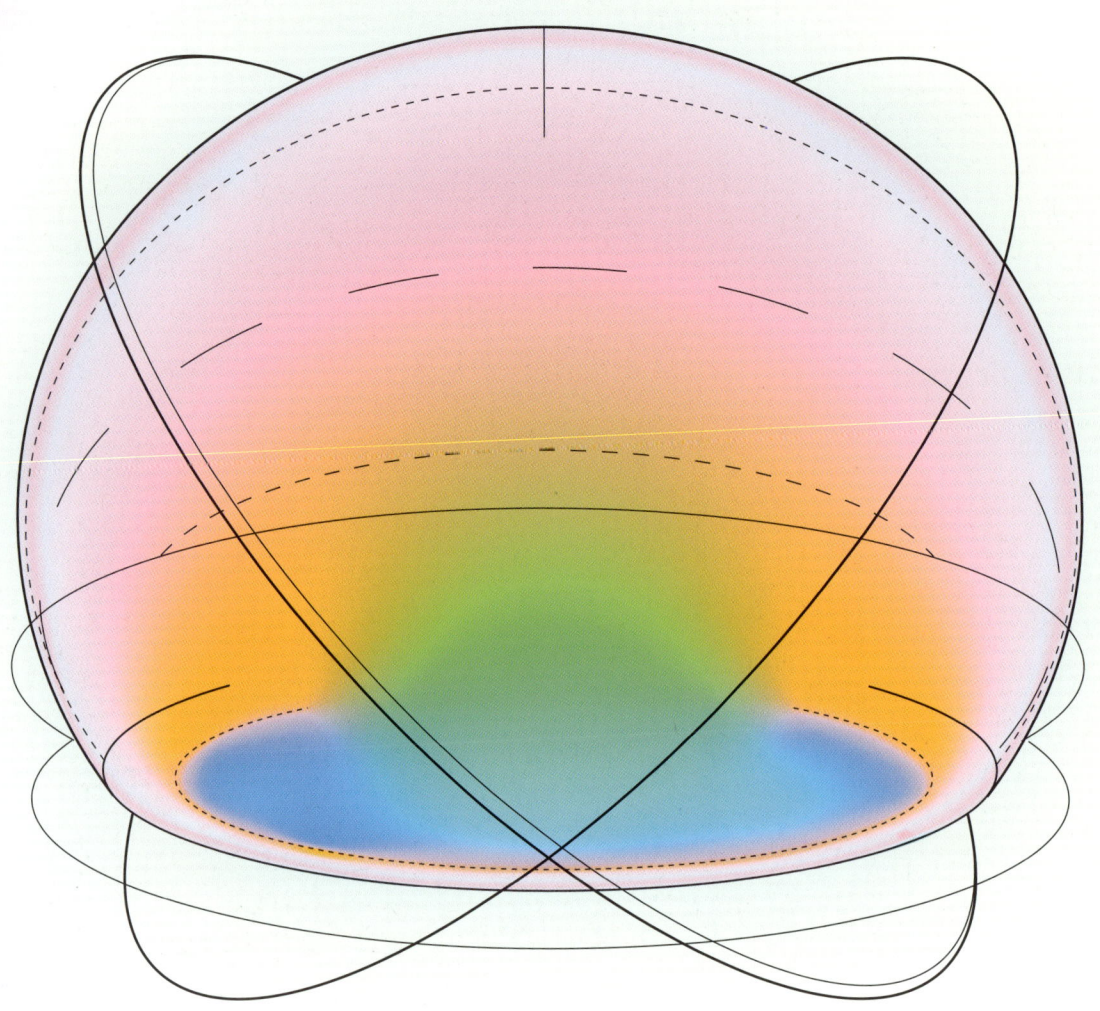

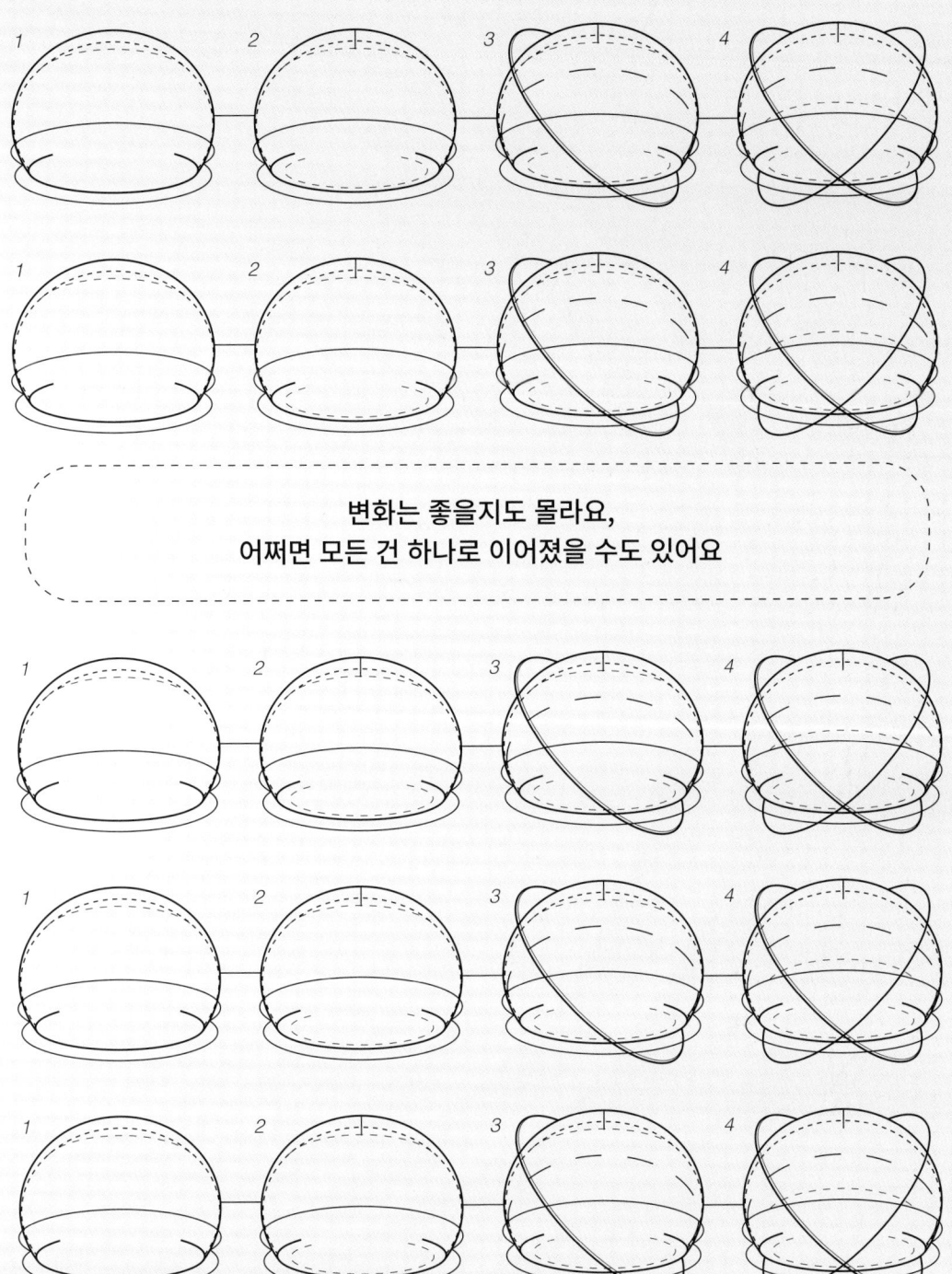

변화는 좋을지도 몰라요,
어쩌면 모든 건 하나로 이어졌을 수도 있어요

자신을 사랑한다면, 당신은 무엇이든 될 수 있어요

*만트라: 산스크리트어로 '마음을 위한 도구'라는 뜻으로, 명상의 집중을 돕기 위해 반복하는 단어나 문장을 의미한다.

만트라*

나는 나의 장점과 단점을 모두 포함하여

있는 그대로 나를 받아들인다.

내가 완벽하지 않다는 것을 알지만

그래도 괜찮다.

왜냐하면

그것이 나를 성장시키고

발전시키는 공간을

마련해주기 때문이다.

나의 결점들이

나를 정의하지는 않지만

나의 결점은

더 나은 내가 될 수 있도록

나를 돕는다.

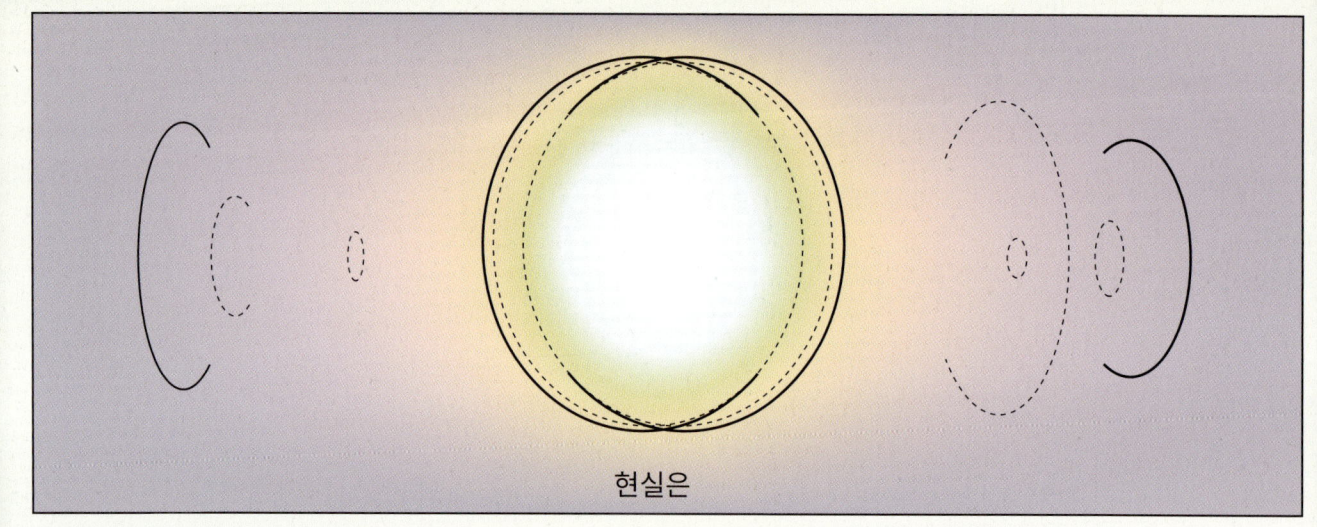
현실은

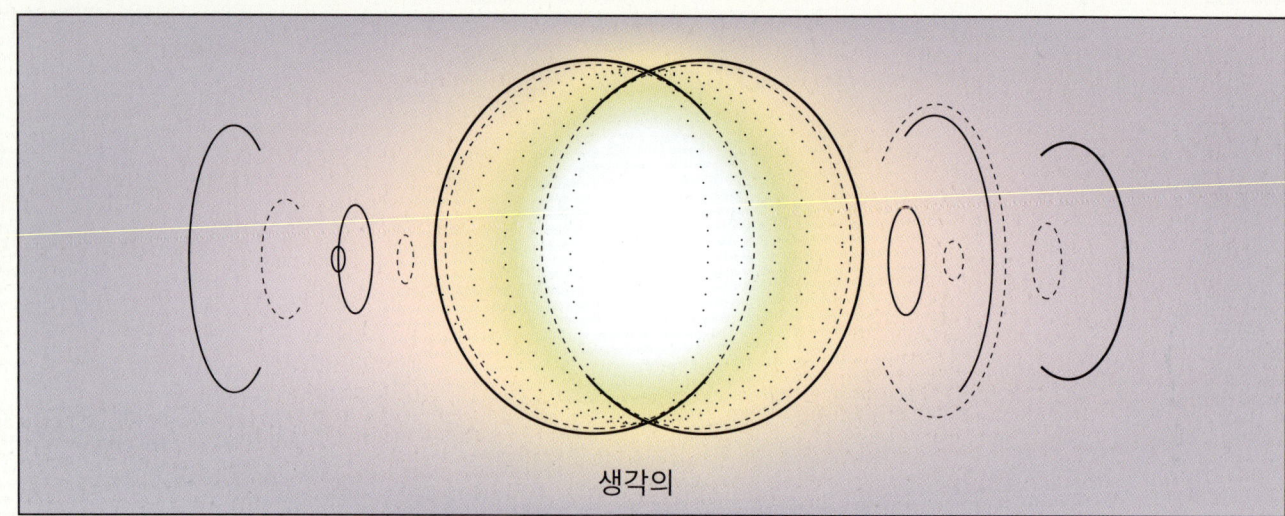
생각의

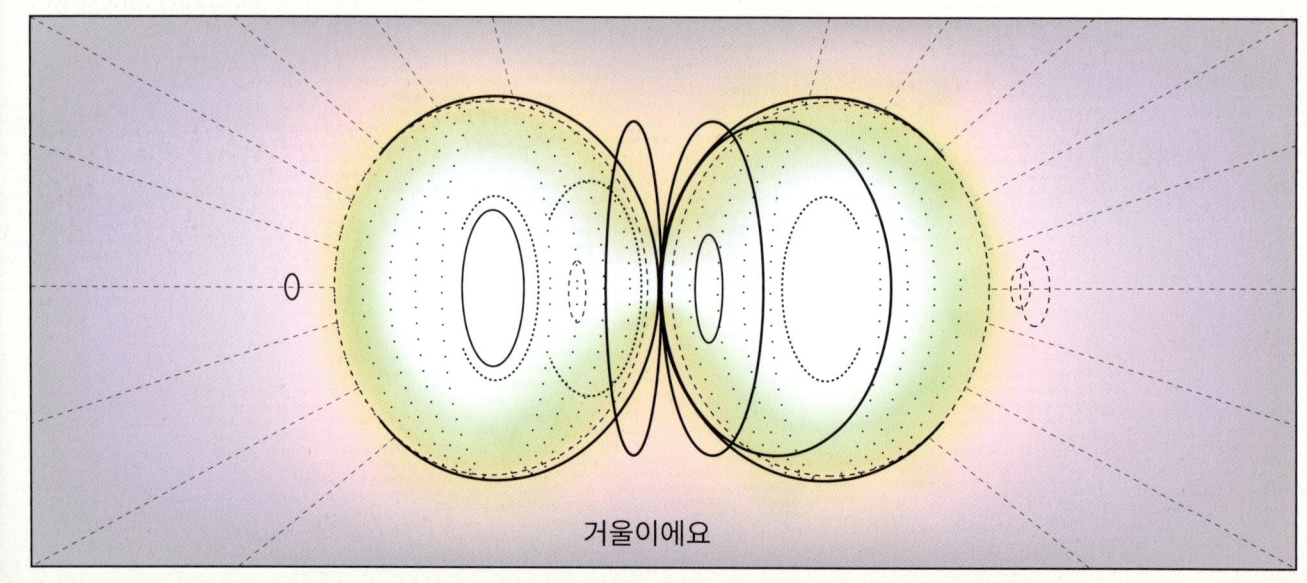
거울이에요

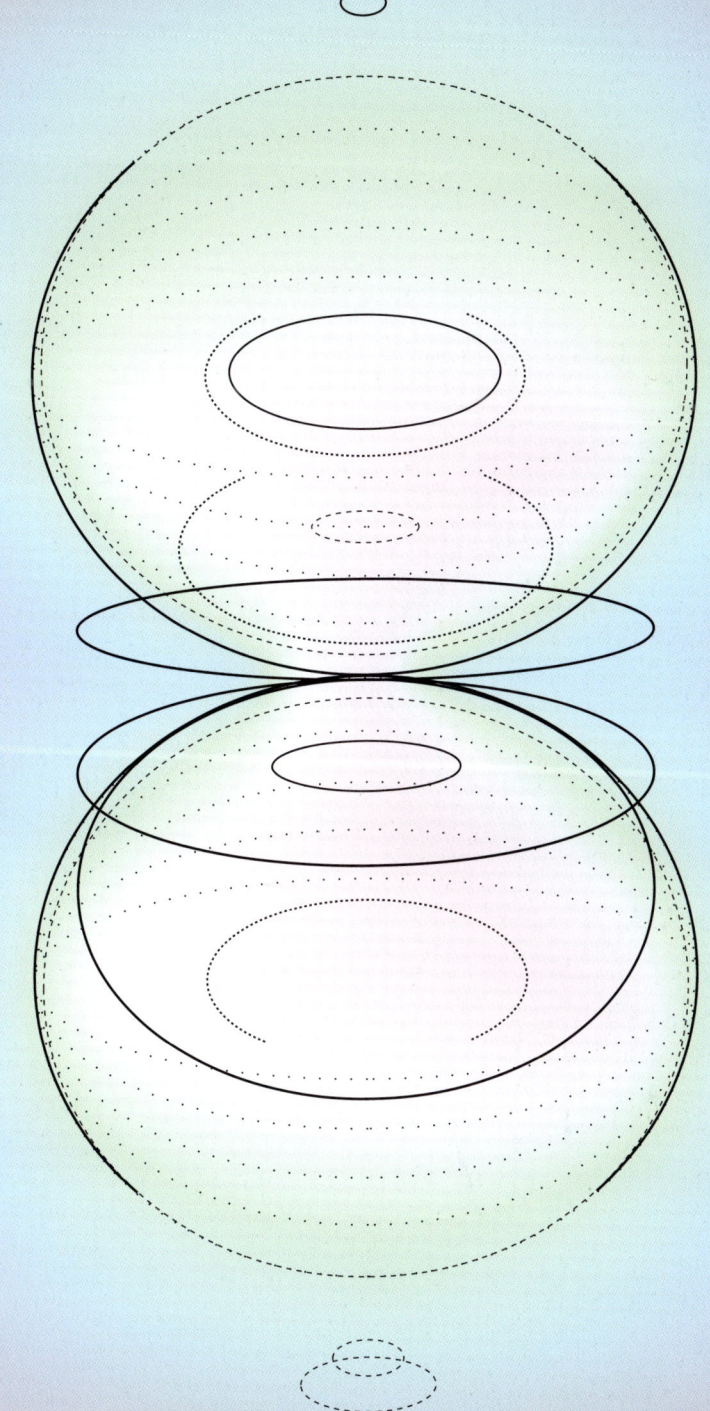

감사하는 마음은

우주를
신뢰해요

선량함을
믿어요

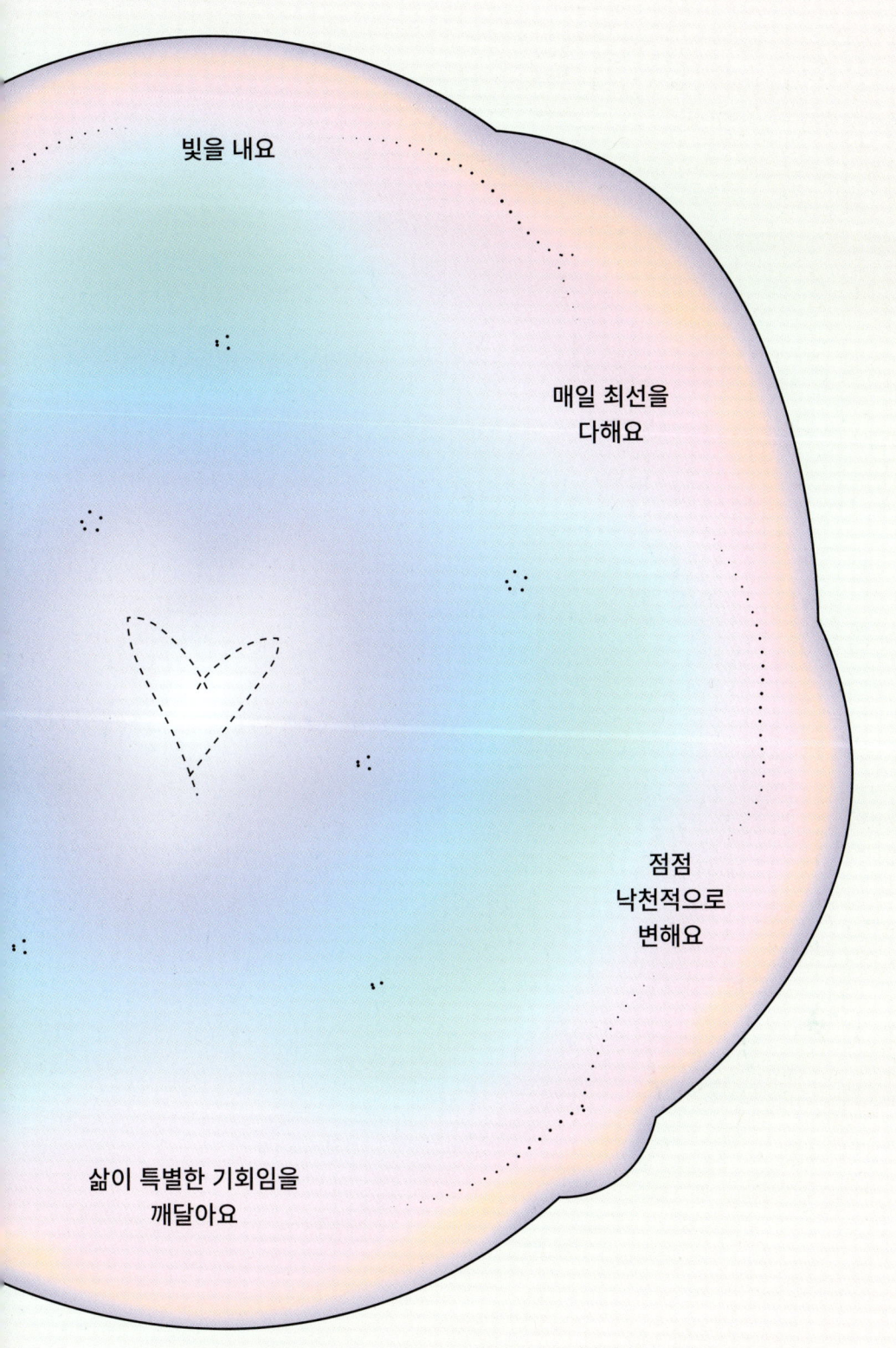

에너지를 끌어올리세요

1. 좋아하고 신나는 노래를 틀어보세요

2. 춤을 추며 몸을 움직여 보세요

3. 물 한 잔을 마셔보세요

4. 밖으로 나가서 신선한 공기를 들이쉬세요

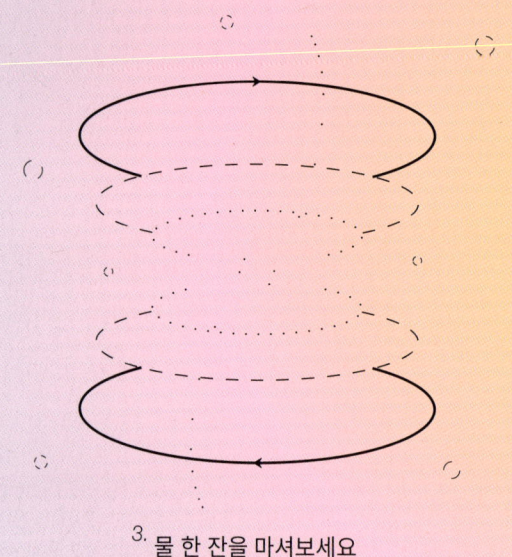
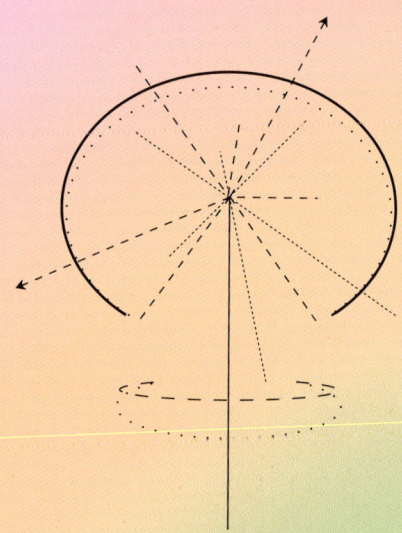
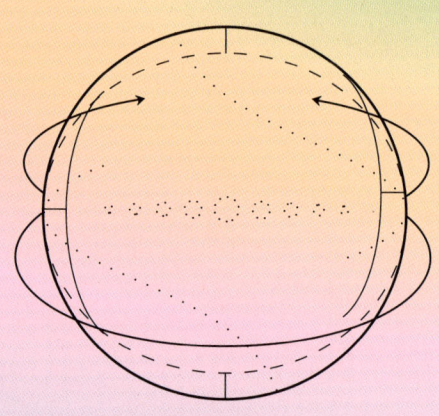

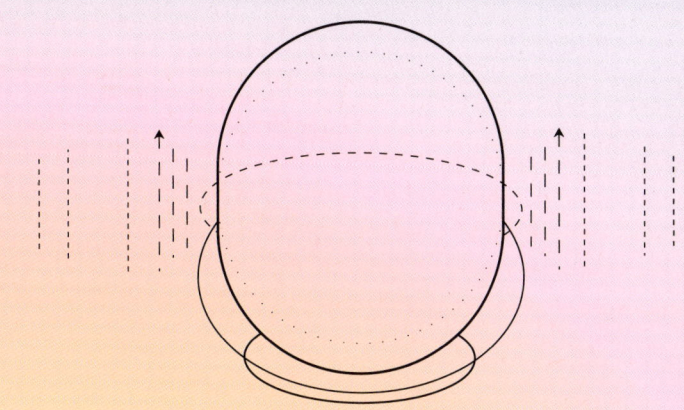

5. 앉을 곳을 찾은 후
햇빛을 가득 흡수하세요

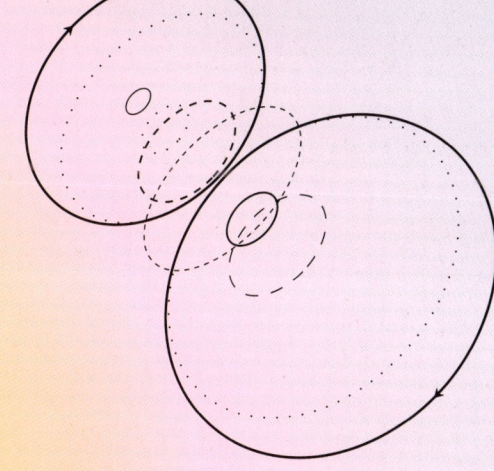

6. 잔디밭 위에 누워
지구와의 연결감을 느껴보세요

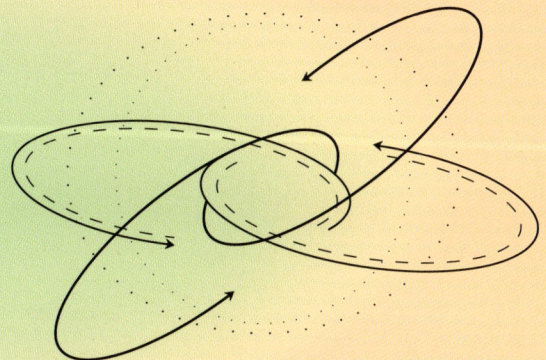

7. 하늘을 바라보며
모든 근심을 내려 두세요

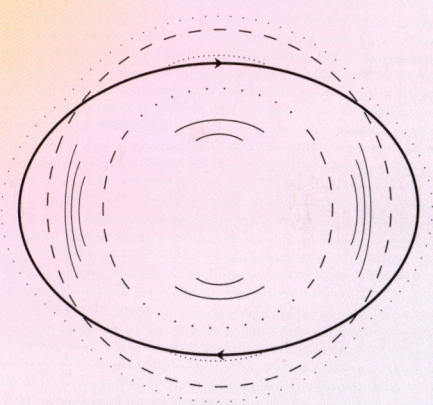

8. 더 큰 의미를 가진 것들과
당신 사이의 연결감을 느껴보세요

1. 새로운 챕터의 시작

2. 개인적 성장

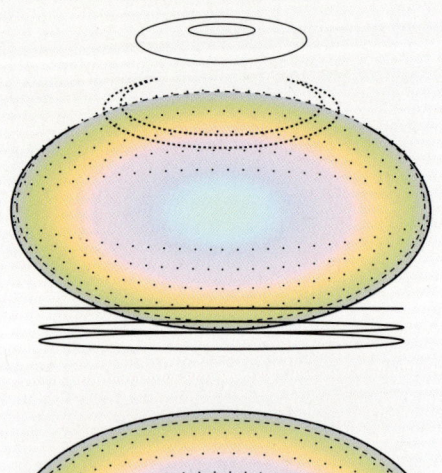
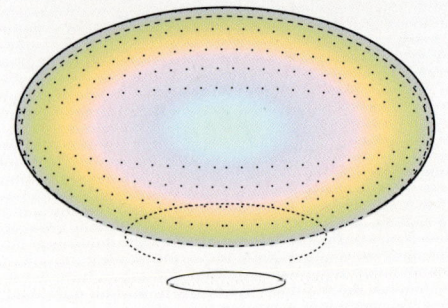
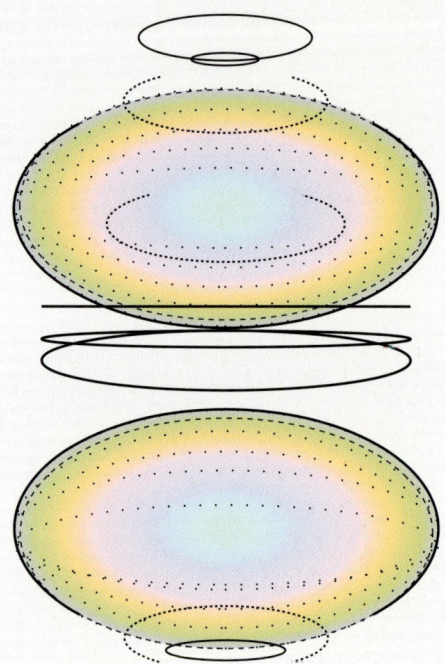

변화의
좋은 점

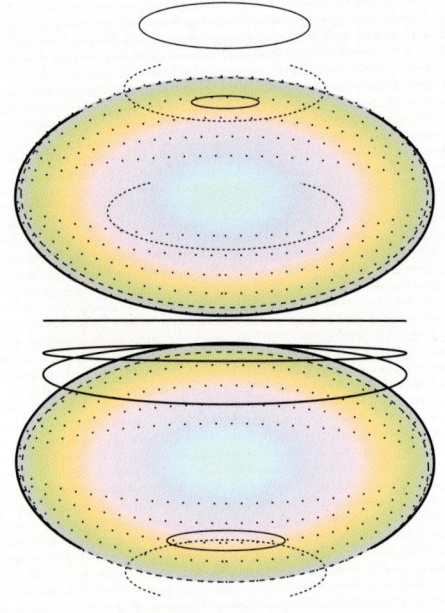
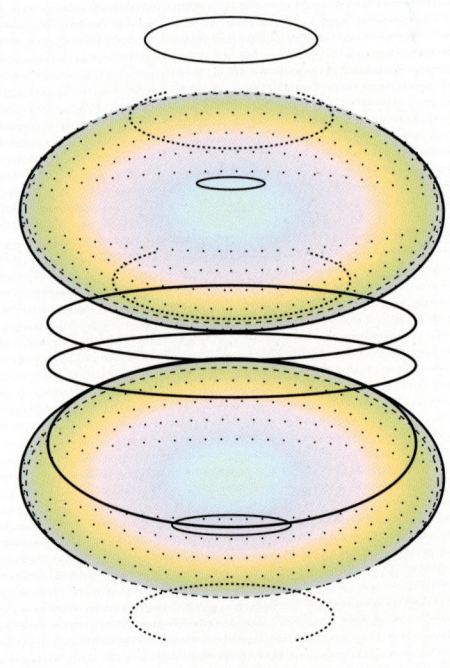

3. 새로운 기회

4. 회복탄력성

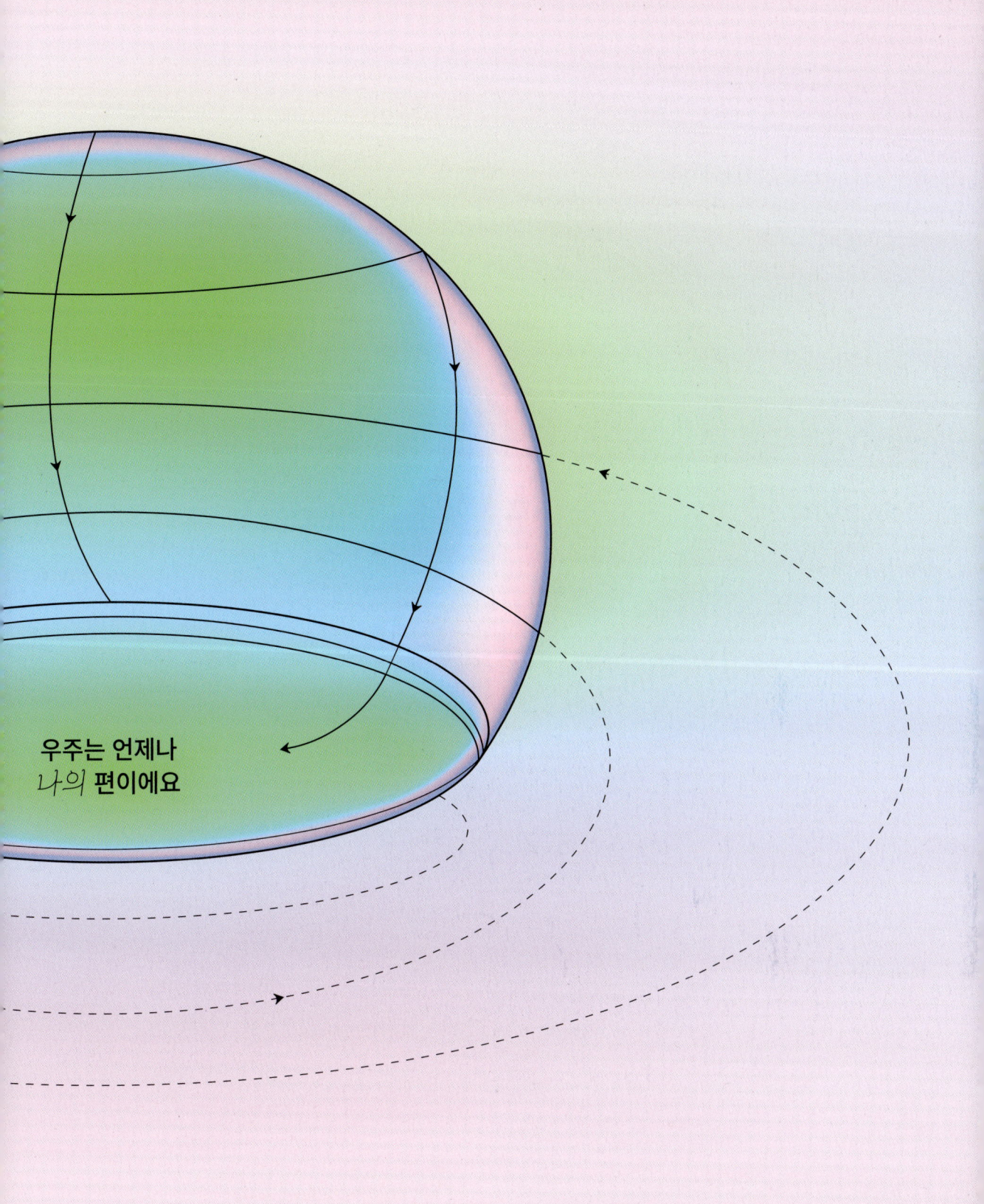

좋은 것들

1. 다정한 사람들

2. 사랑

3. 웃음

4. 새로운 경험

5. 희망과 꿈

삶의 축복에 감사하기

1. 매일 시간을 내어 감사를 느끼는 세 가지를 떠올려 보세요.
   머릿속으로 생각해도 좋고 소리 내 말해도 돼요.

2. 아침에 일어날 때, 그날의 결심을 세워보세요. 예를 들어
   "나는 오늘 작은 것들에서 기쁨을 발견하겠다"와 같이요.

3. 하루를 보내며 주변의 좋은 것들을 발견하기 위해
   의식적으로 노력해 보세요. 자연의 아름다움이나 낯선 이의
   친절일 수도 있고, 가족과 친구들의 사랑일 수도 있어요.

4. 저녁에는 오늘 하루 경험한 기쁨과 감사의 순간들을
   되돌아보세요.

5. 잠자리에 들기 전, 심호흡한 후 다행스러운 일들을 떠올려
   보세요. 기쁨과 감사 그리고 만족감에 집중해야 해요.

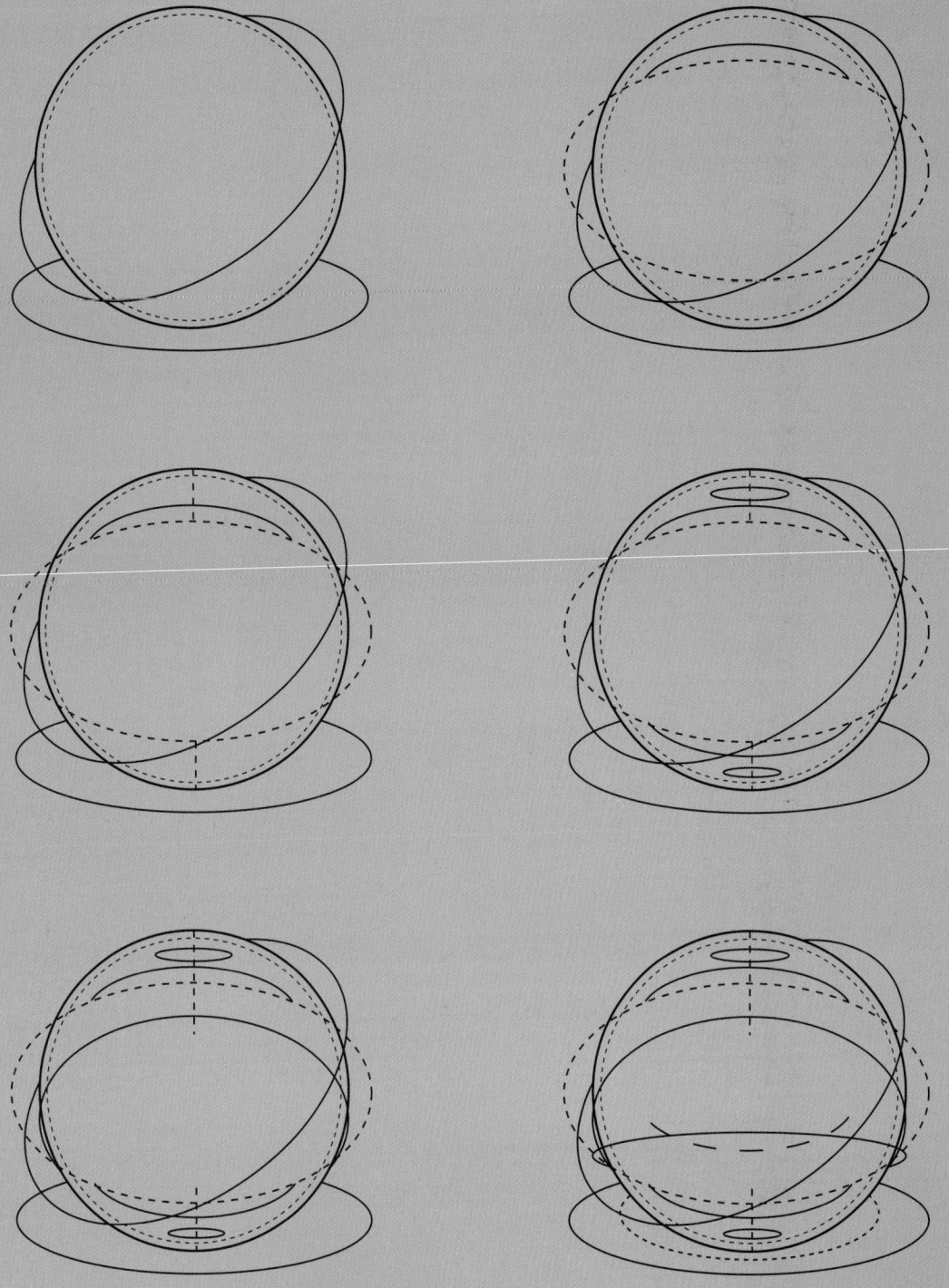

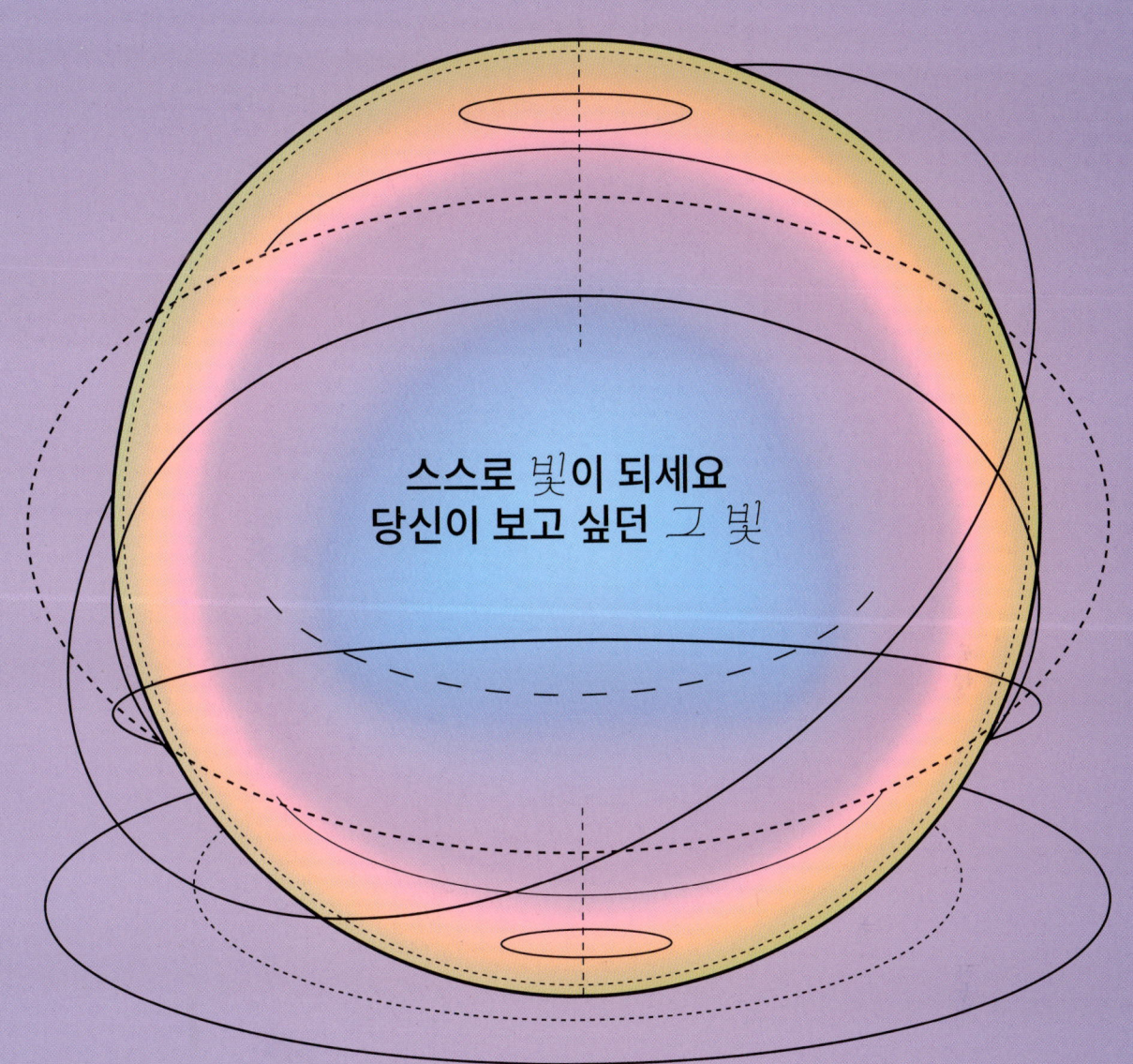

놓아버리기

1. 조용한 장소를 찾아 펜과 빈 종이를 꺼내요.

2. 내려놓고 싶은 생각이나 감정, 상황에 대해 적어 내려가세요.

3. 감정을 터놓고 솔직하게 표현하고, 그것이 나에게 미치는 영향에 대해서도 인정해요.

4. 이해와 연민으로 나 자신과 관계된 사람들을 용서해요.

5. 교훈을 되새기고 그것이 어떤 식으로 나에게 영향을 미쳤는지 돌이켜봐요.

6. 평화로 가득한 미래를 받아들이며 끝맺음과 해방의 문장으로 편지를 마무리해요.

7. 해방의 상징으로 편지를 보관할지, 놓아버렸다는 의미로 편지를 없앨지 결정해요.

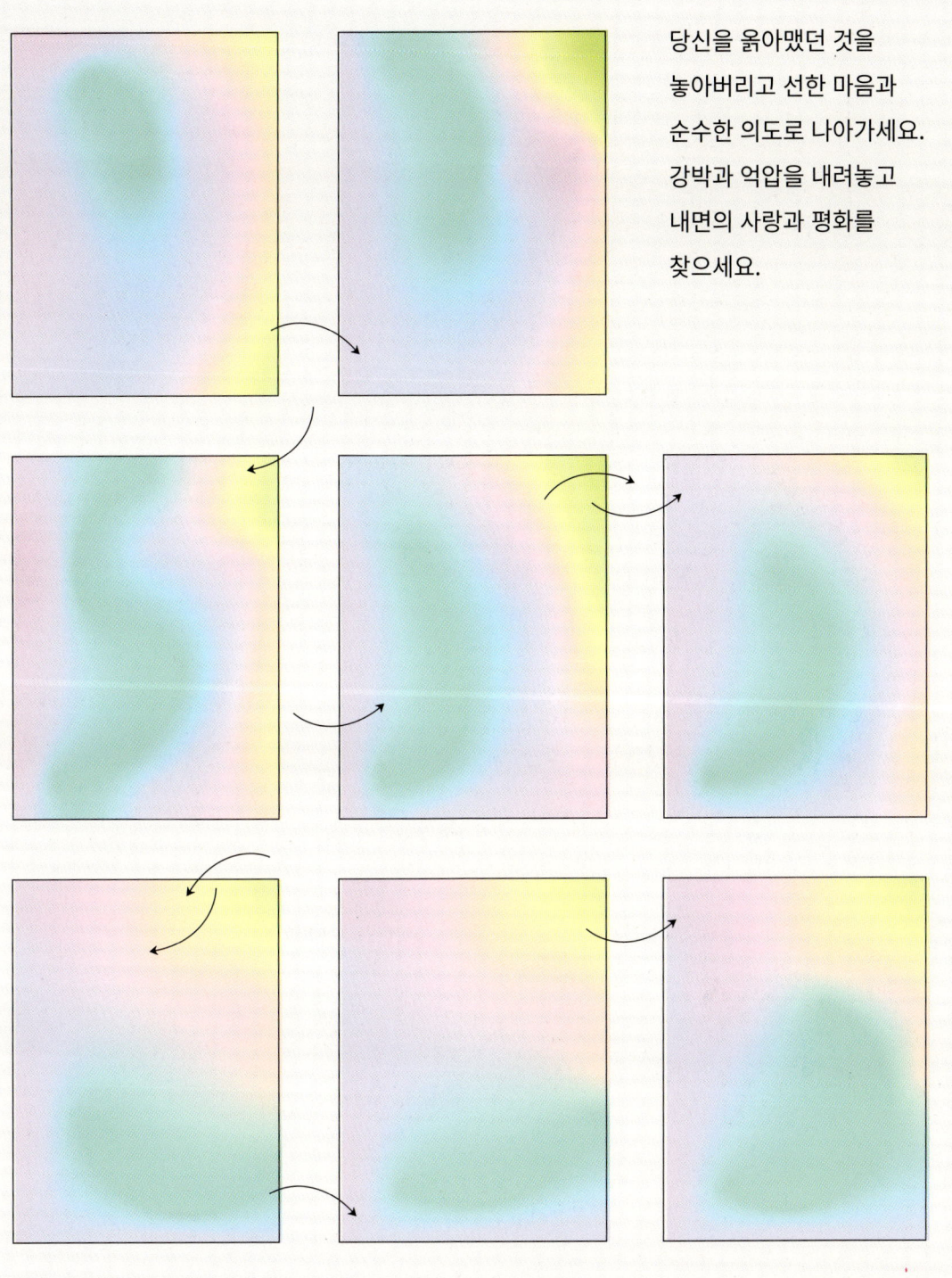

당신을 옭아맸던 것을
놓아버리고 선한 마음과
순수한 의도로 나아가세요.
강박과 억압을 내려놓고
내면의 사랑과 평화를
찾으세요.

아침 확언

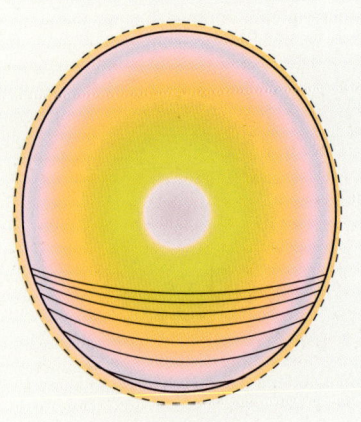
나는 평온하다

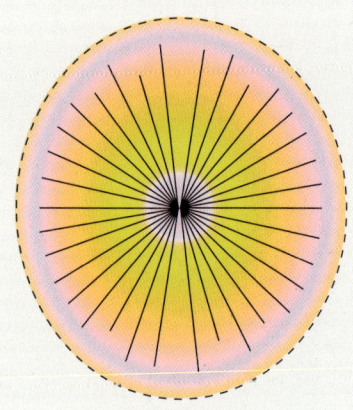
나는 평화롭다

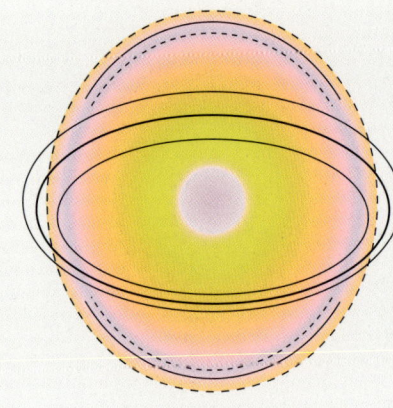
나는 열정적이다

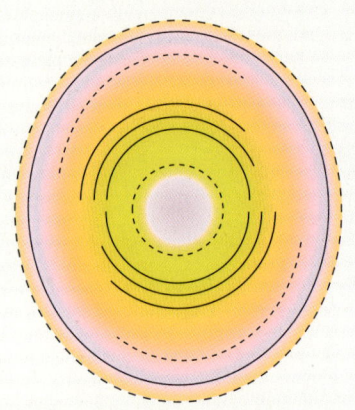
나는 자랑스럽다

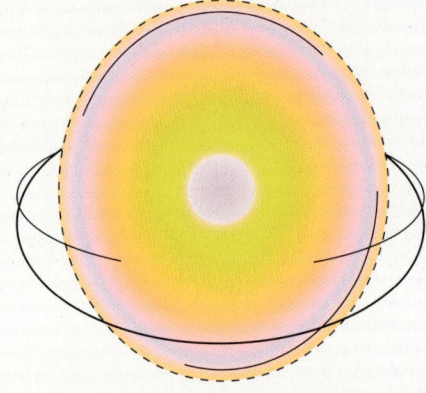
나는 무한하다

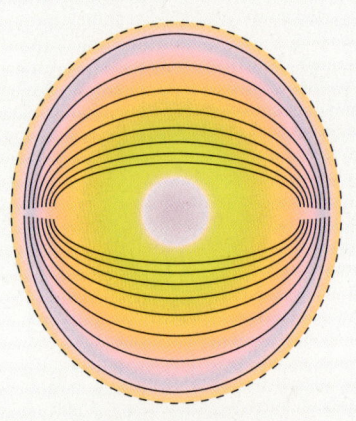
나는 특별하다

저녁 확언

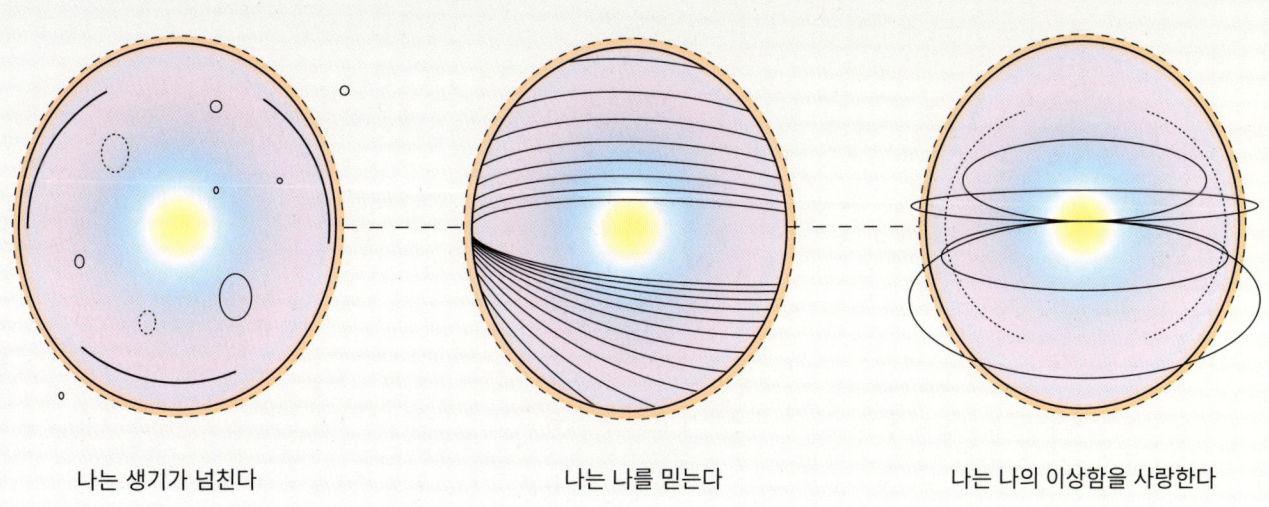

나는 생기가 넘친다 나는 나를 믿는다 나는 나의 이상함을 사랑한다

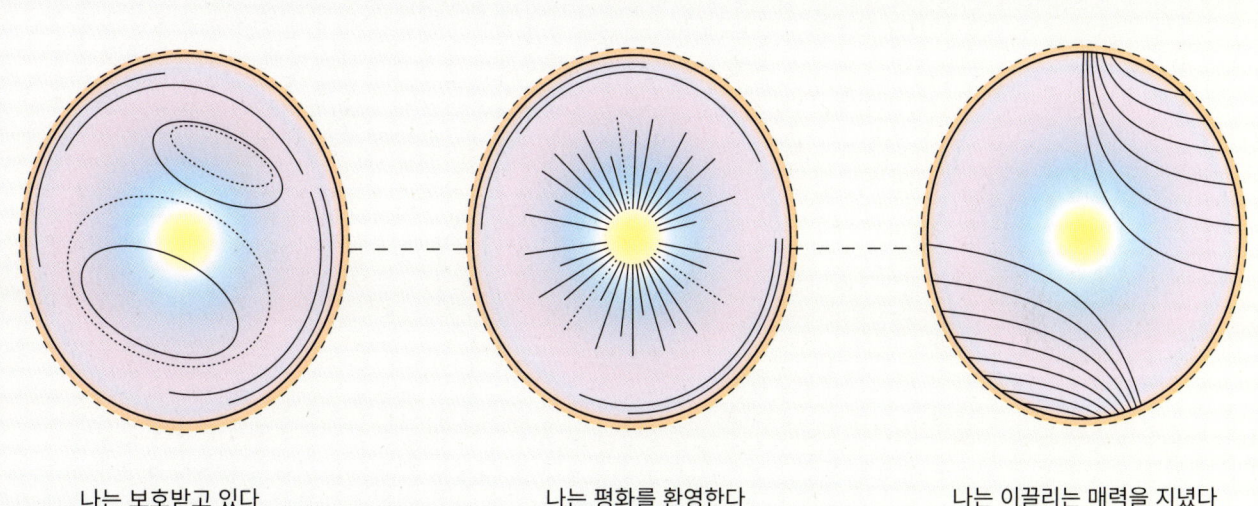

나는 보호받고 있다 나는 평화를 환영한다 나는 이끌리는 매력을 지녔다

외부 세상이
내면의 평화를 깨지 않도록
관찰자가 되어보세요

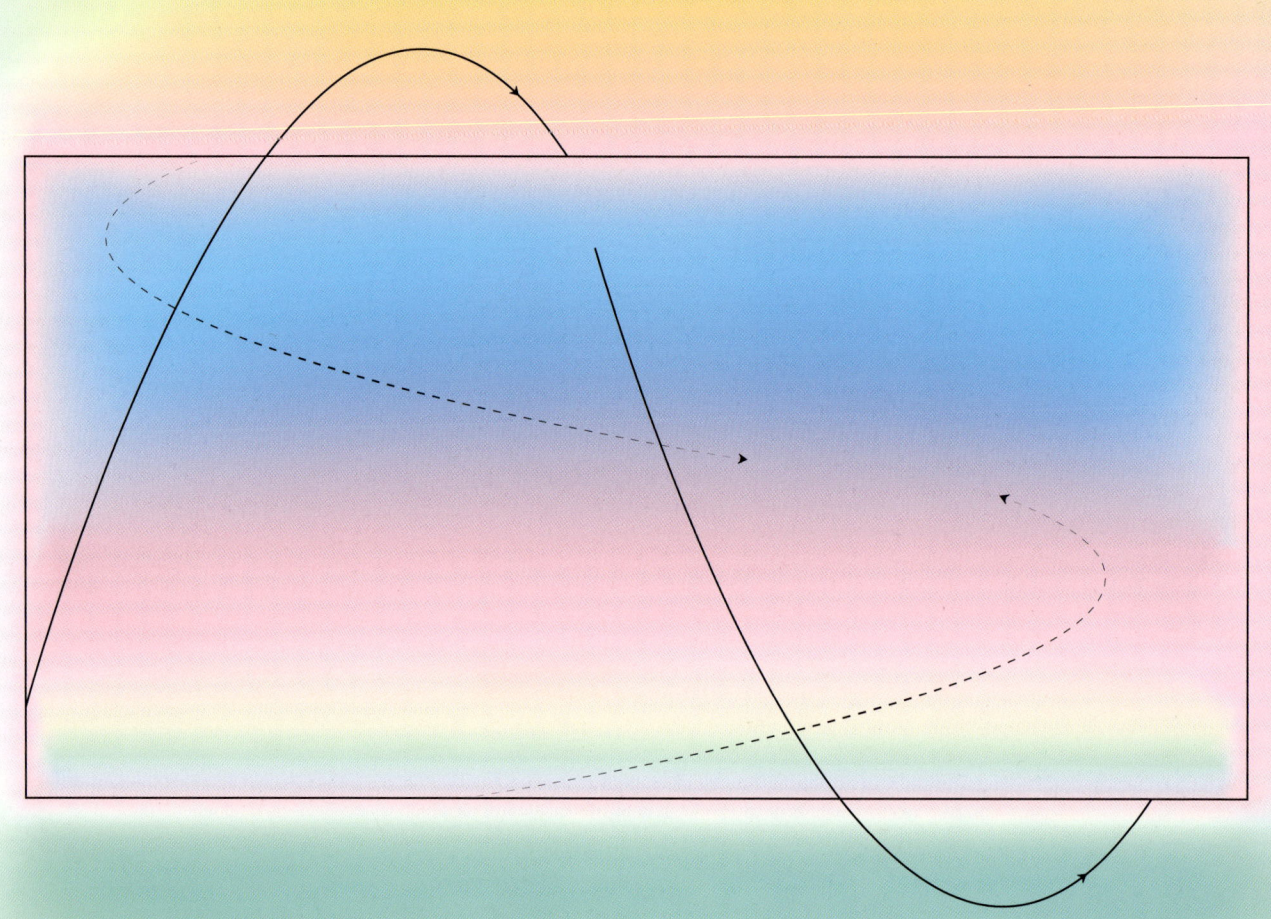

주변의 세상을 관조하기

1. 현재에 집중하세요

2. 그리고 한 걸음 떨어져 보세요

3. 판단 없이 세상과 타인을 관찰하세요

4. 잠시 생각을 정리할 시간을 가져요

5. 무엇이 보이나요?

6. 어떻게 느껴지나요?

7. 호기심 어린 눈으로 감정을 들여다보세요

8. 스스로 물어보세요: 이것이 내게 가르쳐 준 것은?

9. 마음에 새기세요

10. 관찰한 것을 되새겨 보세요

삶은 일몰과 일출의 반복이며,

저마다 고유의 아름다움과 변화를 가져다주어요

가장 위대한
모험은 바로
삶 그 자체예요

*긍정적인 마음*과
**함께라면,
언제나 나아갈 길은
있어요**

기억해 둘 작은 것들

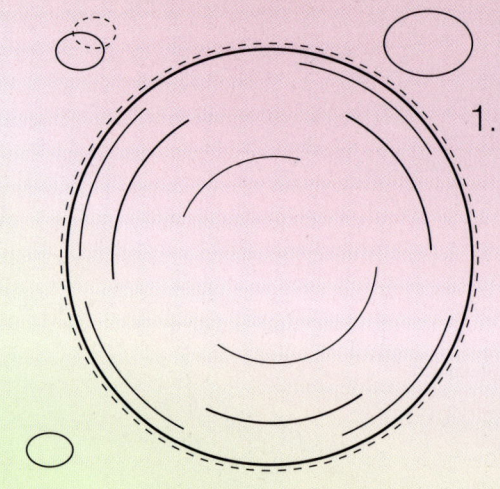

우주가 자신의 역할을
하도록 허용하세요

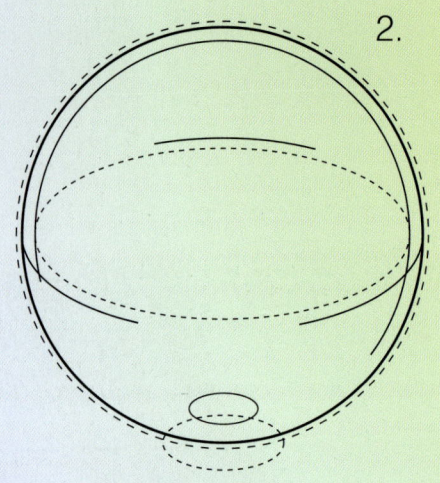

당신의 고유성은 곧
당신의 힘이에요

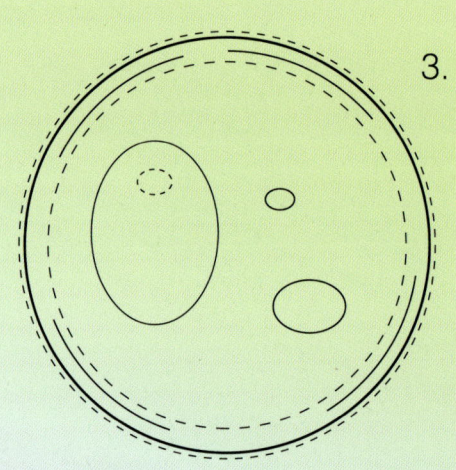

당신의 평화와 에너지를
보호하세요

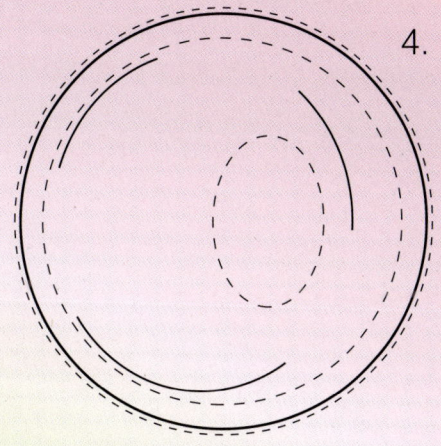

가장 알맞은 때가 있음을
믿으세요

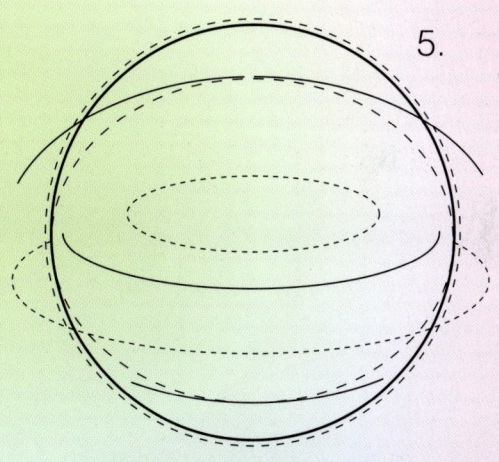

당신은 정말 잘하고 있어요

오늘의 확언

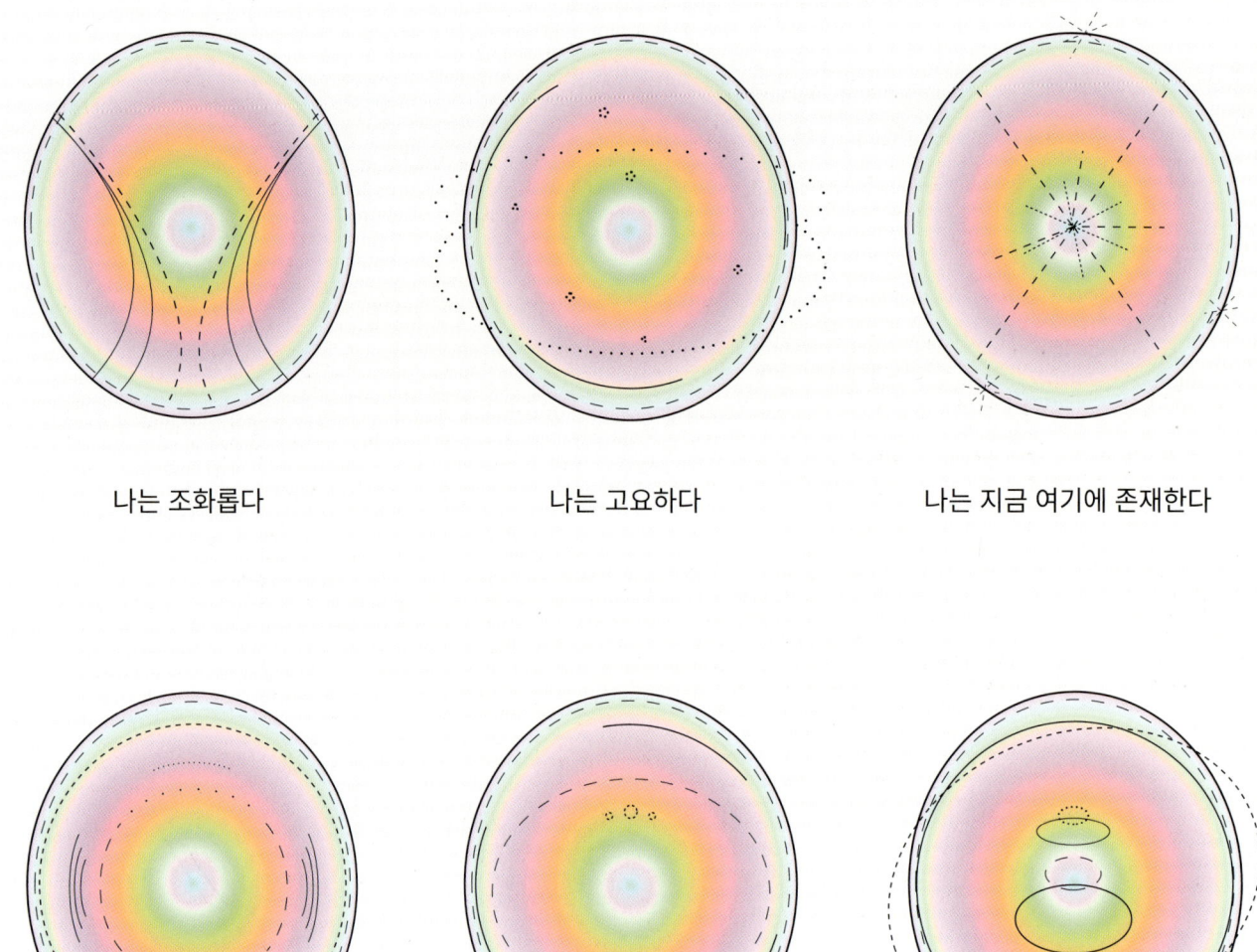

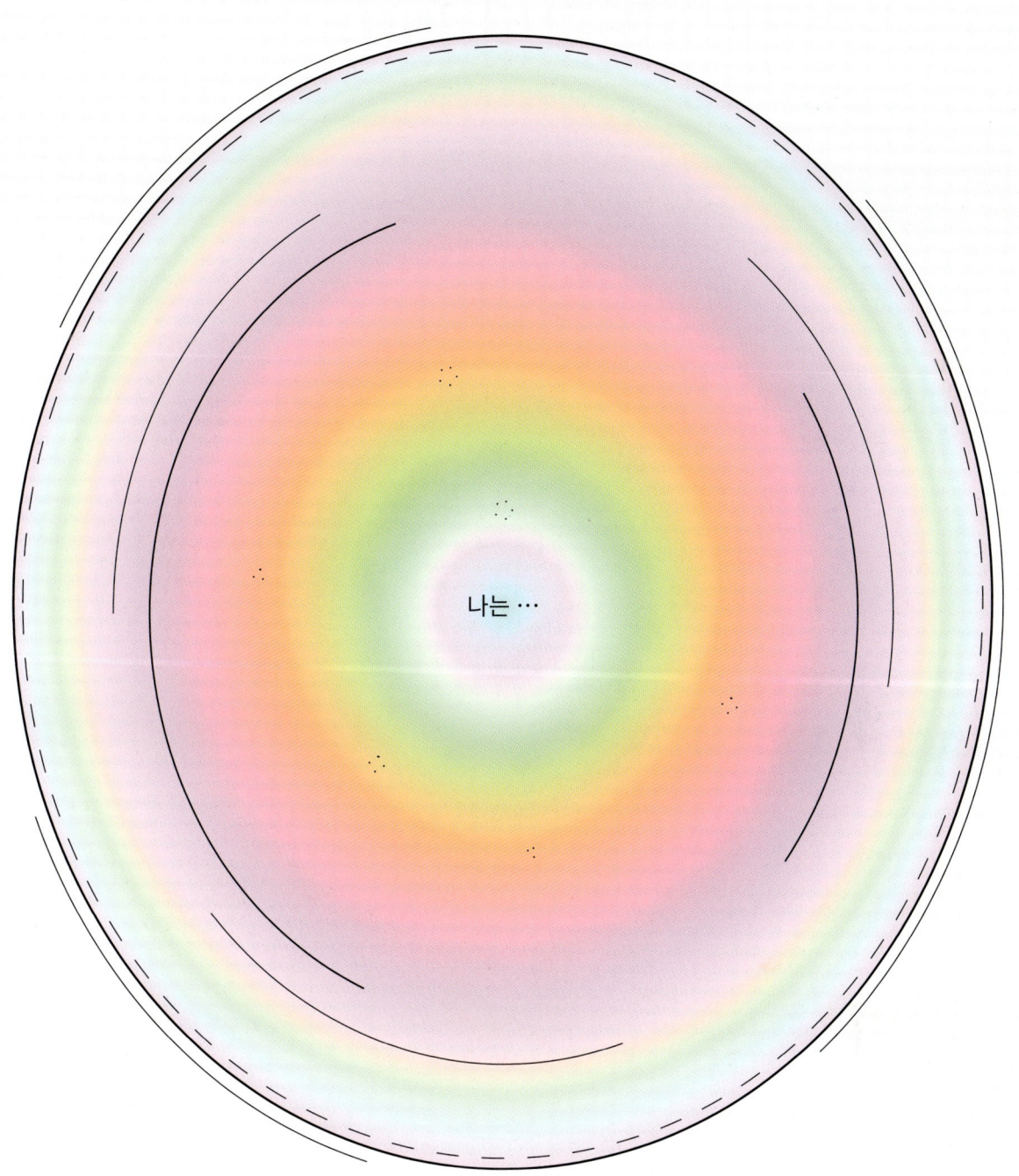

희망을 간직하세요

당신에게 주어진 건
결코 당신을 놓치지 않을 거예요

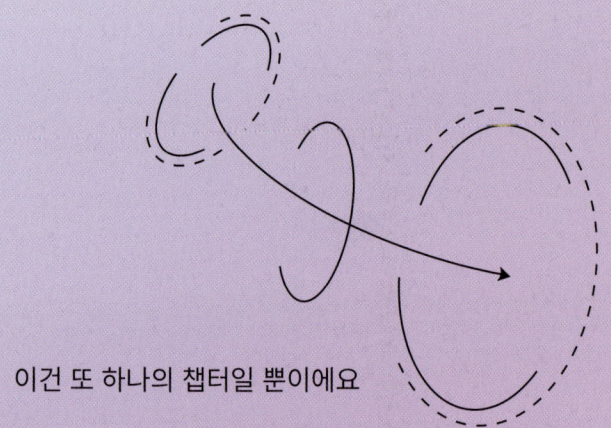

이건 또 하나의 챕터일 뿐이에요

새로운 기회가 찾아오고 있어요

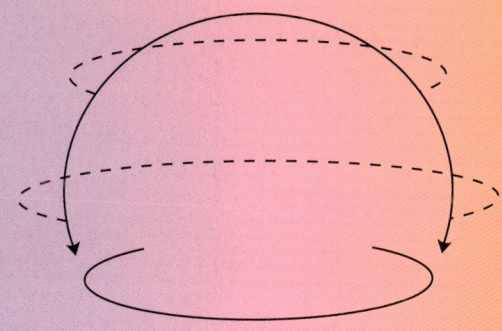

태양은 다시 떠올라요

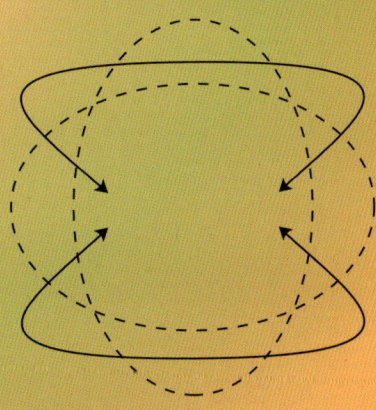

우주는 당신의 편이에요

좋은 음악 듣기  햇빛 가득 흡수하기  호흡하기

에너지를
전환하세요

감정 해방하기
(울기, 웃기, 소리치기)

몸 움직이기

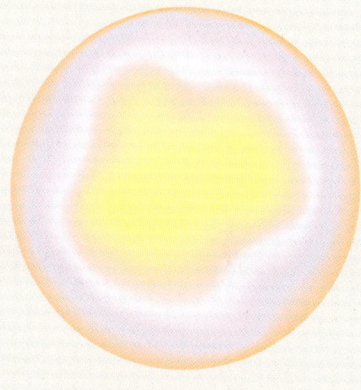
일기 쓰기

다음을 위한 *공간*을 마련하세요

치유

의미
있는 것

즐거움

내가
원하는 삶

감사

새로운
시작

낭만적인

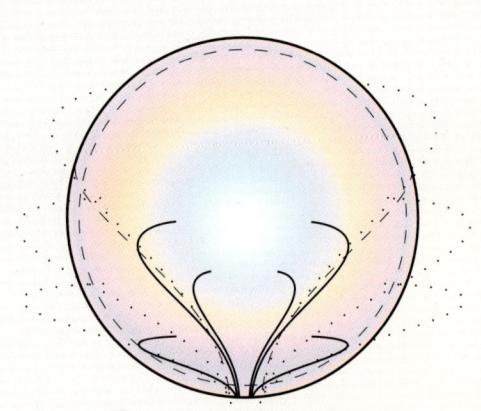

나에게 꽃 선물하기

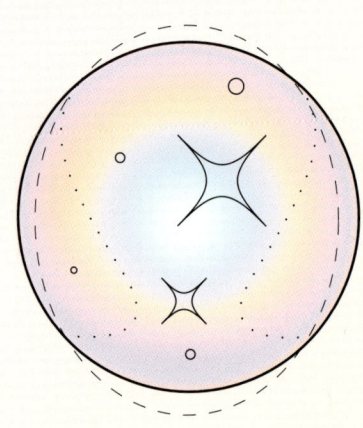

서점 가기

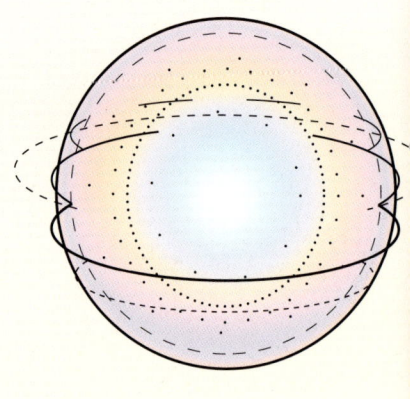

좋아하는 빵 먹기

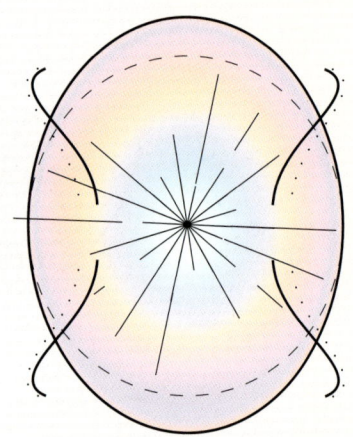

태양 아래에 앉기

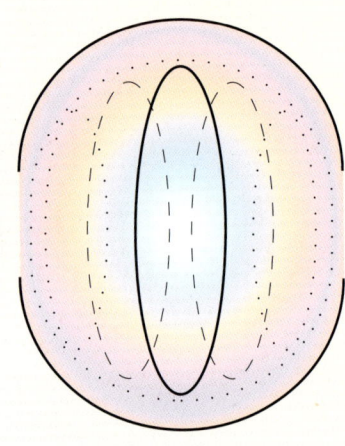

자연에서 시간 보내기

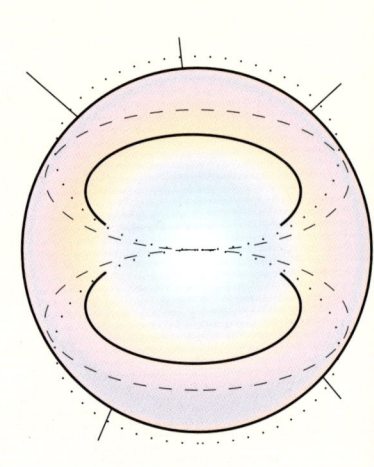

창조적인 활동 하기

하루 만들기

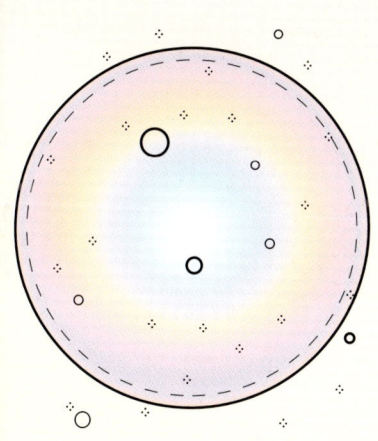

향초 켜기

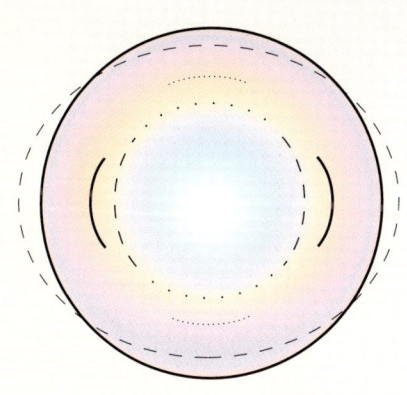

나에게 차 대접하기

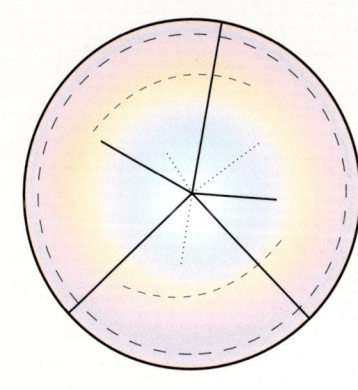

소풍 계획 세우기

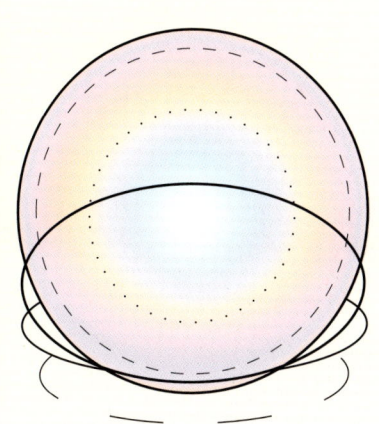

자전거 타러 가기

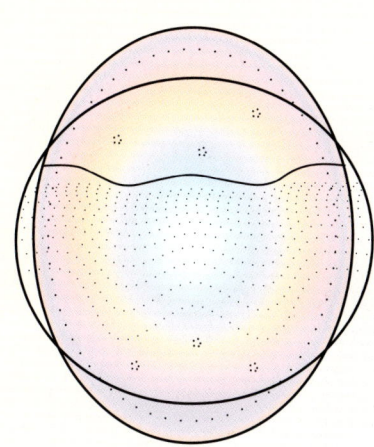

수영하러 가기

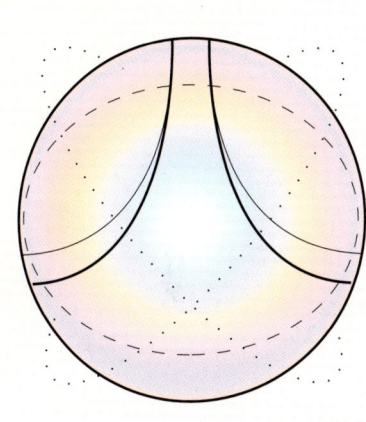

새로운 곳을 탐험하기

작지만 중요한 것들

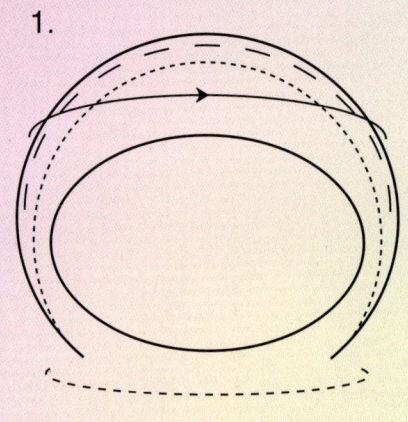

친절하고 진심 어린 미소

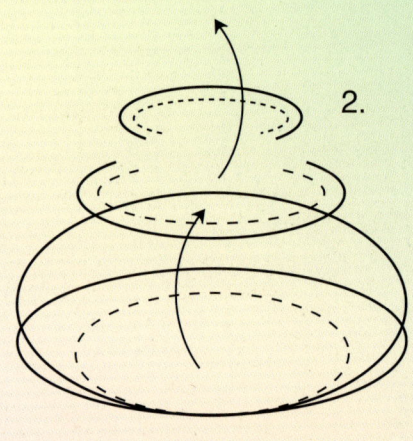

손으로 쓴 노트

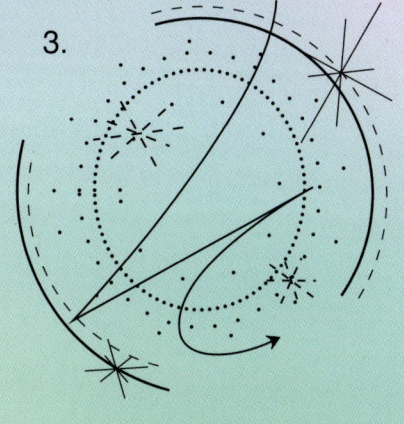

3.

현재를 즐기는 것

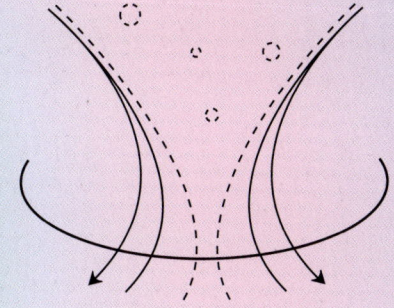

4.

끊이지 않는 대화

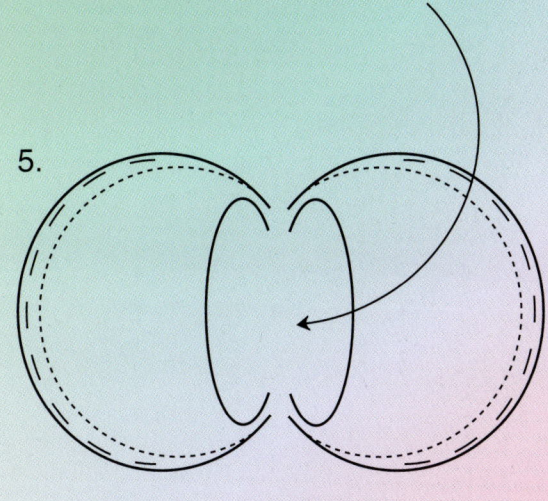

5.

도움의 손길

현재를
즐기세요

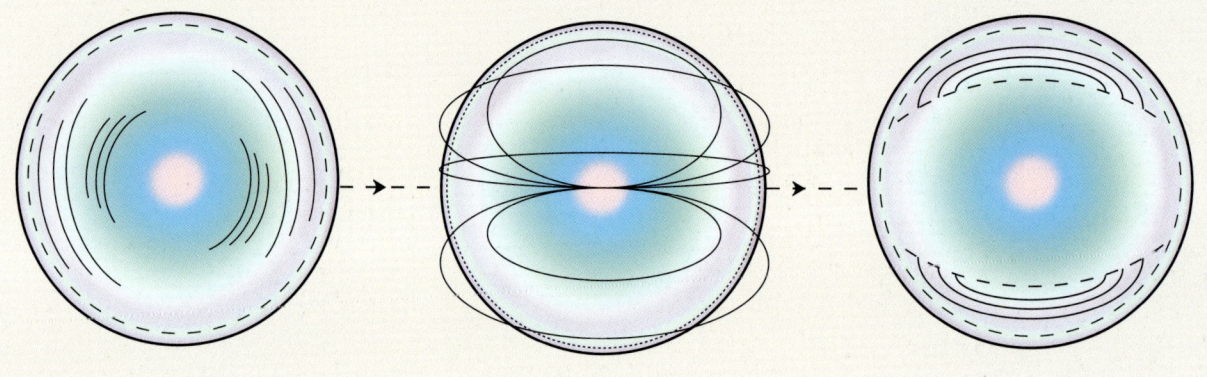

당신은 할 수 있어요   오늘 바로 시작하세요   꿈을 추구하세요

용기를 내보세요

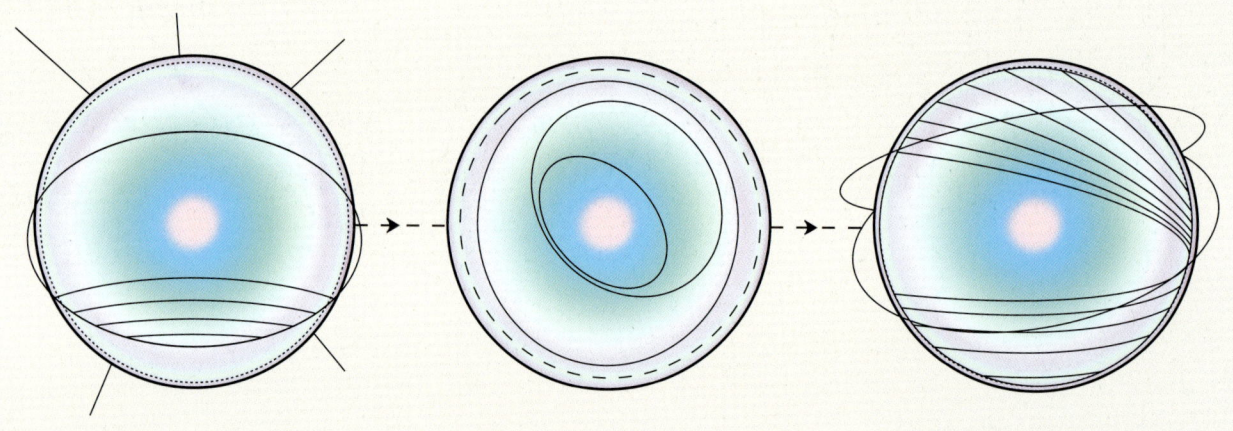

위험을 감수하세요   미래의 당신을 자랑스럽게 만드세요   좋은 일에는 시간이 걸려요

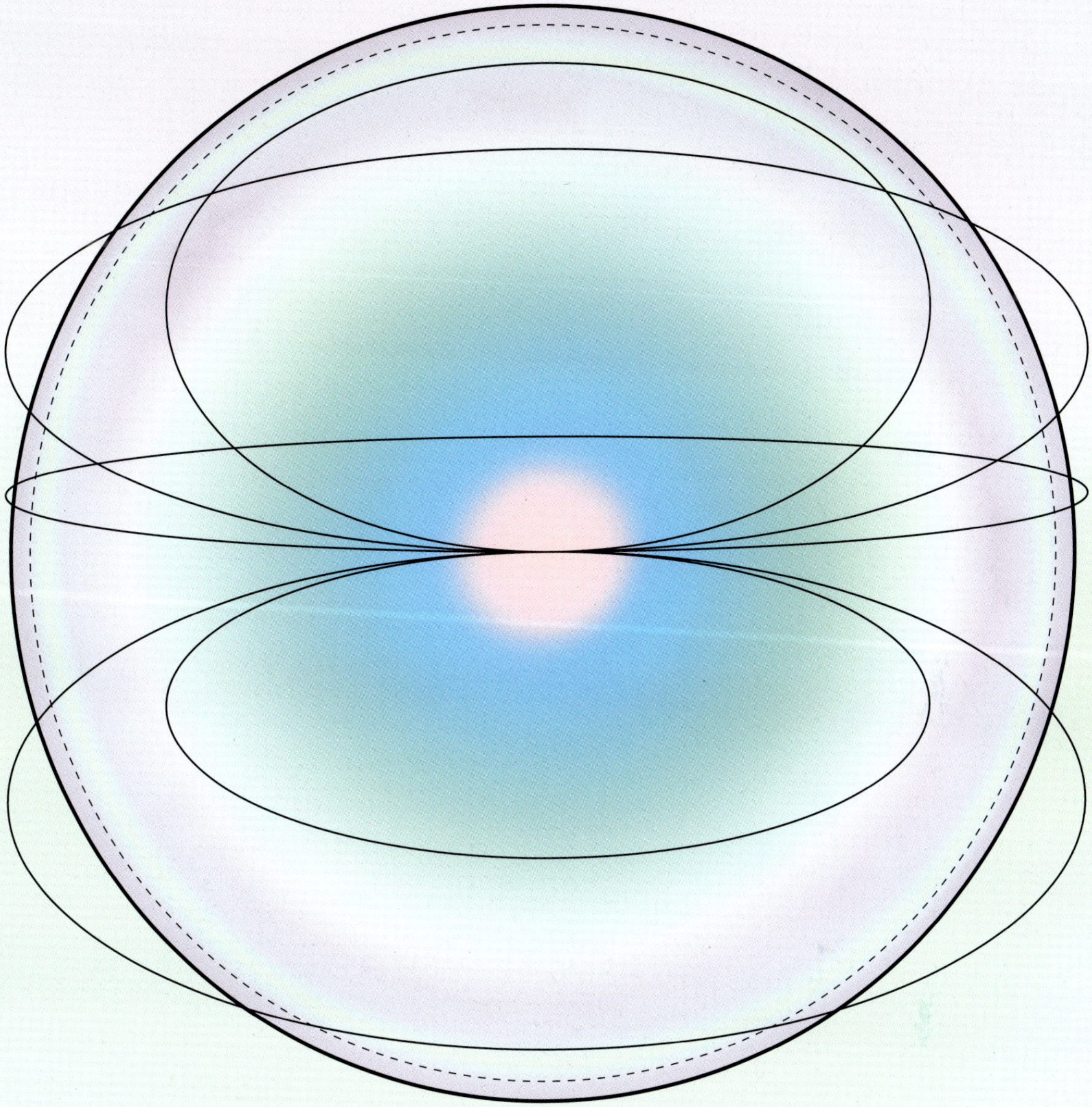

찬찬히 읽고
따라 해보세요

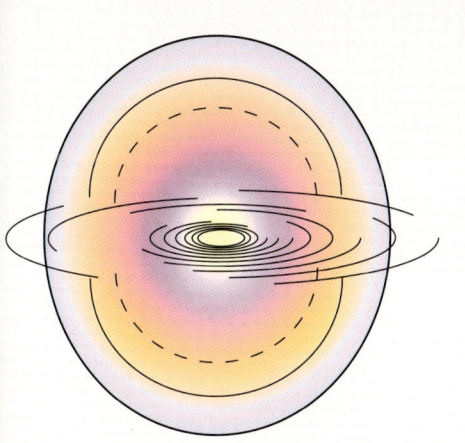

나는 나의 마음을 따른다

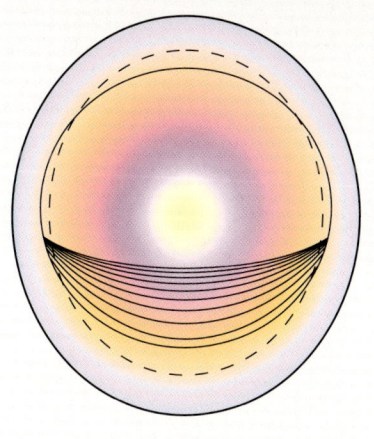

나는 빛이다

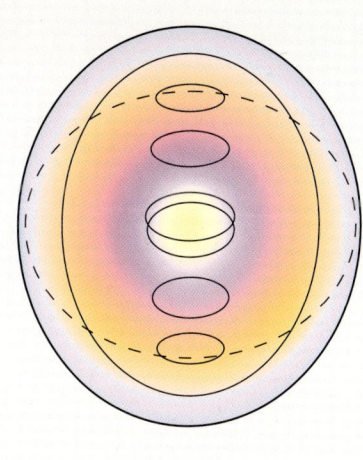

나는 계속 성장한다

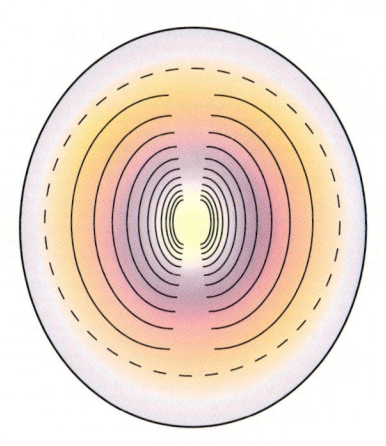

나는 기쁨을 선택한다

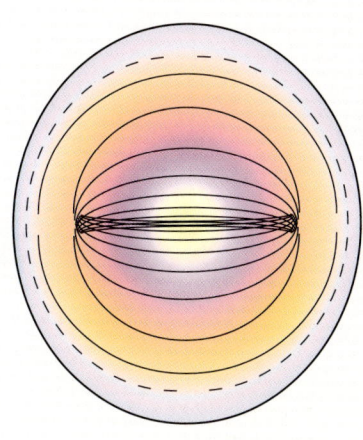

나는 사랑이다

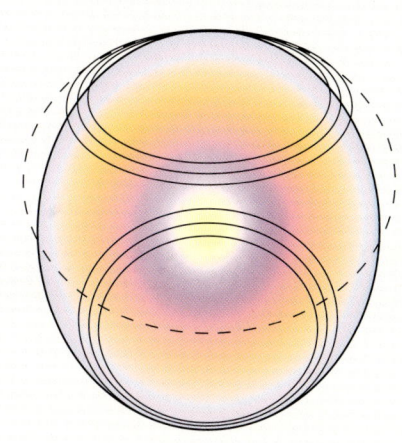

나는 무궁무진하다

4장
성장

진화와 성장의 여정에는 용기, 헌신, 인내심 그리고 자신을
뛰어넘는 도전 정신이 필요해요. 이를 위해서는 기존의 선입견,
행동, 패턴에서 벗어나 새로운 사고방식, 감정, 존재를 받아들일
수 있어야 합니다. 변화는 때로 혼란스럽거나 두려울 수 있지만,
그에 따른 보상은 비할 수 없이 커요. 변화의 모든 단계는 더욱
의미 있고 충만한 삶으로 당신을 이끌어줍니다.

성장은 정해진 종착점 없이 계속되는 여정입니다. 자아 발견,
배움 그리고 진화가 끊임 없이 이어지지요. 각각의 여정은
독특하며, 여기에 도달하는 데에 옳거나 그른 방법은 없습니다.
진화에는 결코 끝이 없다는 사실은 우리의 호기심과 개방성을
지켜주고, 연결, 아름다움, 가능성의 기회로 언제나 우리를
안내할 거예요.

피어남이란

자신을
받아들이기

사랑을
선택하기

자신을
신뢰하기

옳은 것을 위해
목소리를 내기

열린 마음으로
있기

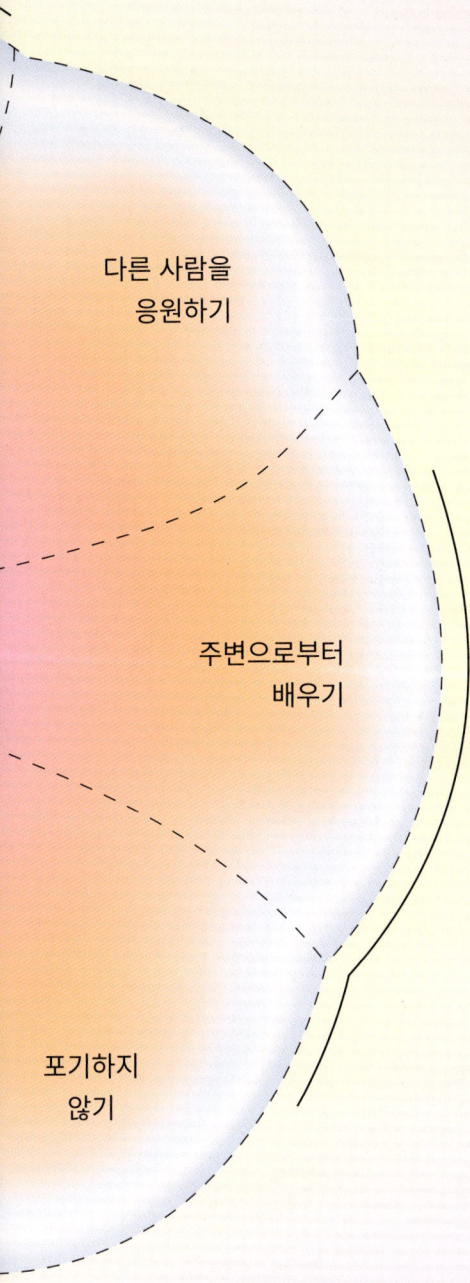

진화의 의미는 · · · · · · · · · · · · · · · 용기 · · · · · · · · · · · · · · · 수용 · · · · · · · · · · · · · · ·

해 ················ 치유 ················ 변화 ················ 성장

당신에겐 시간이 있어요

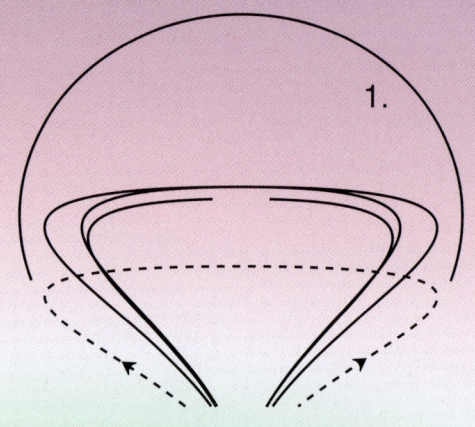

꽃들도 피는 데 시간이 필요해요

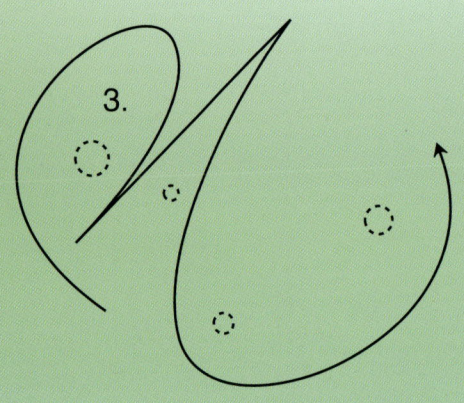

당신의 여정은 특별해요

결국엔 모든 것이 괜찮아질 거예요

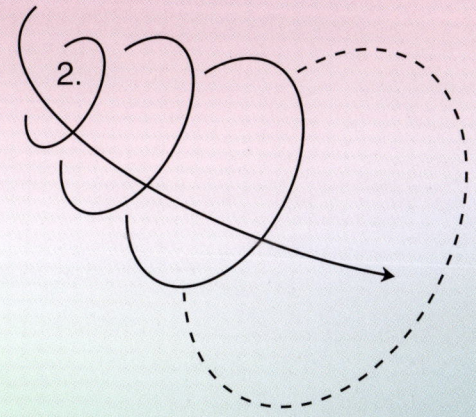

매일 차근차근히 해보세요

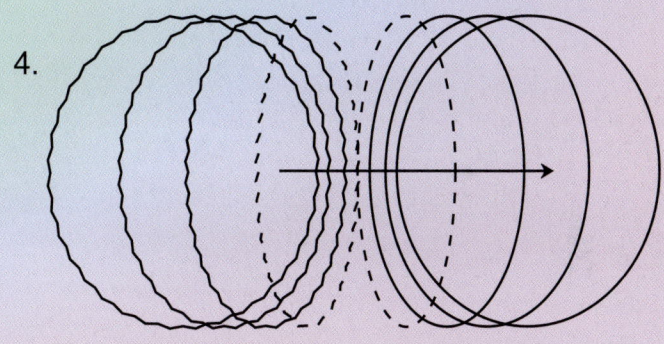

부정적인 생각을 격려하는 생각으로 바꿔보세요

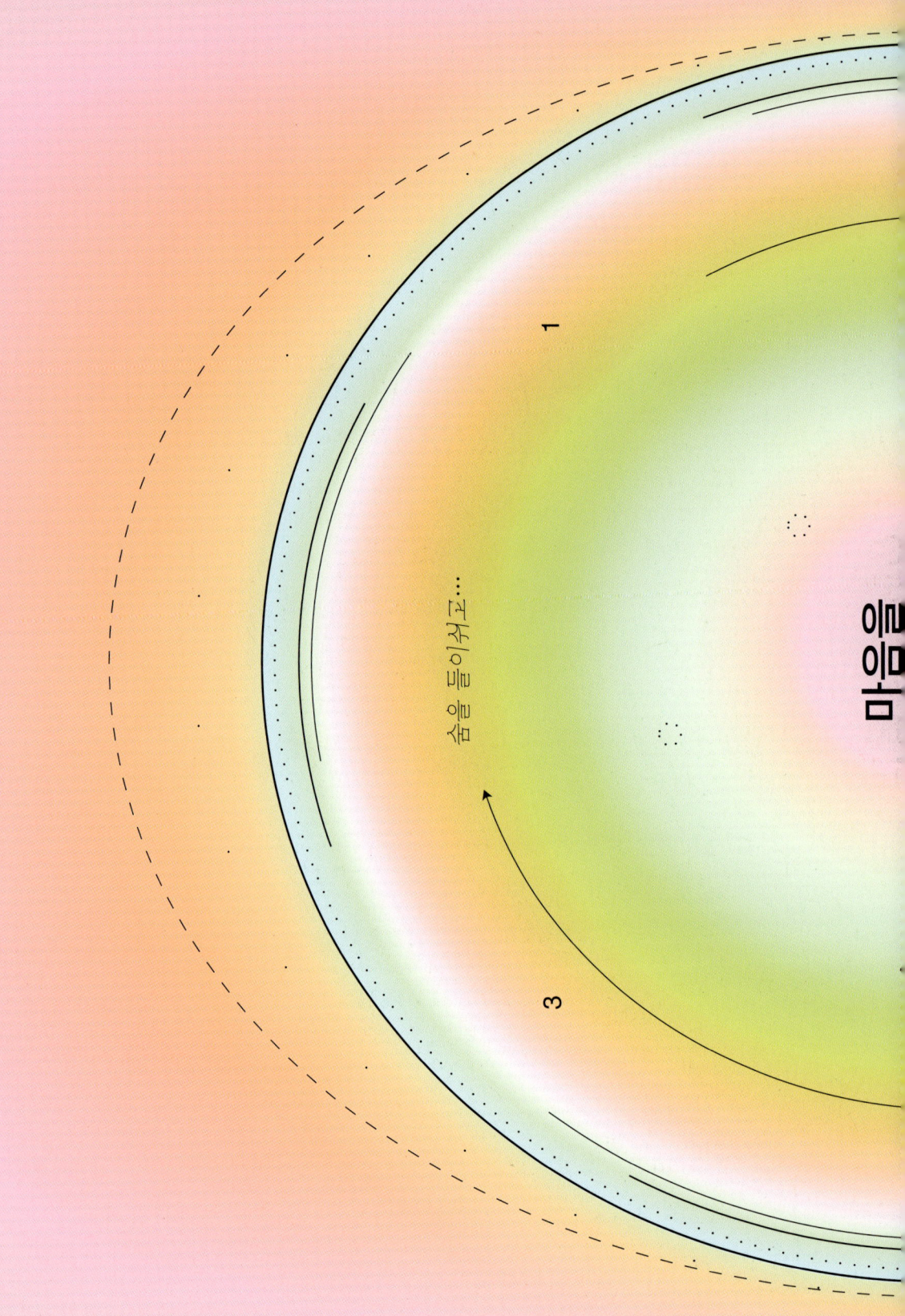

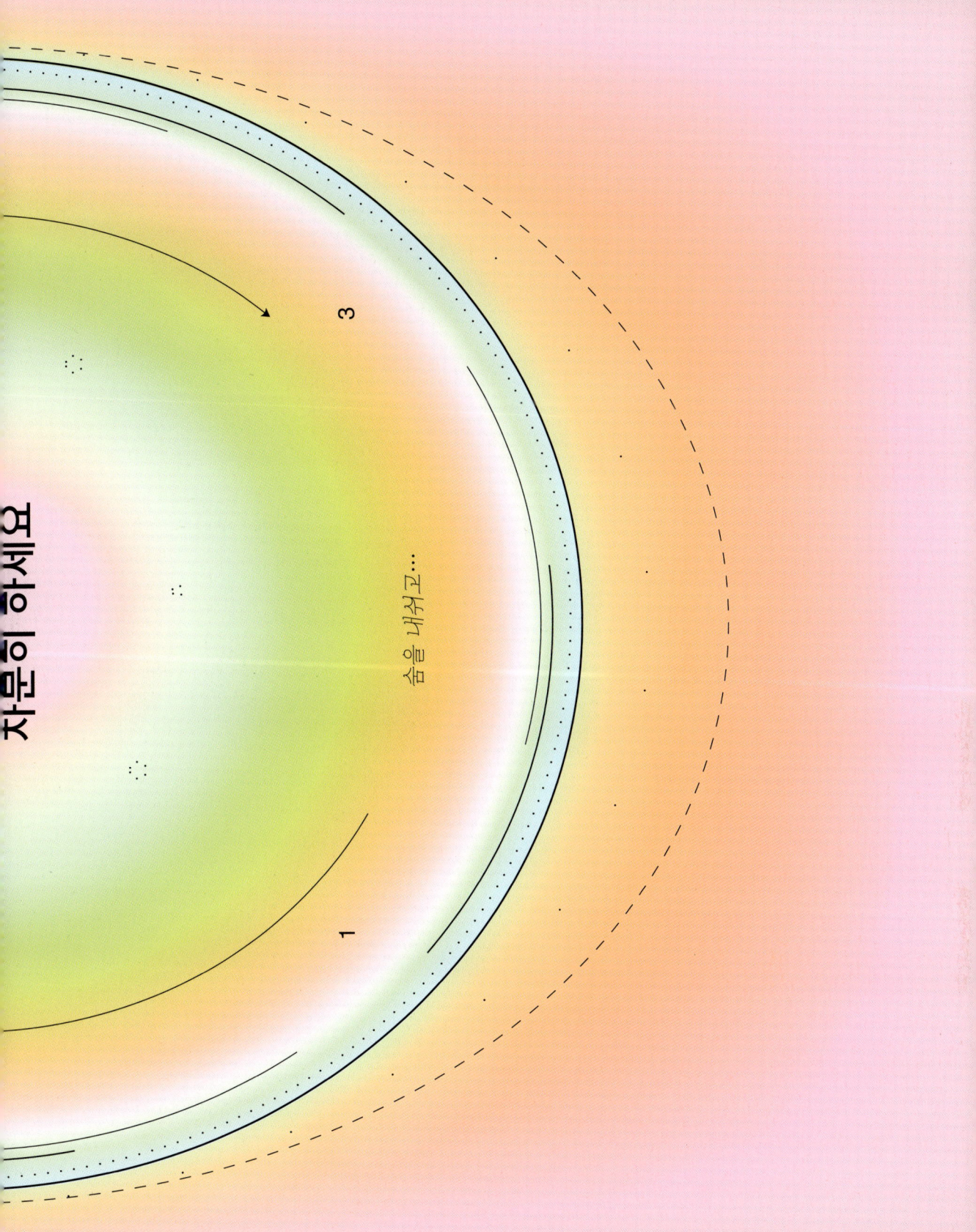

새로운 하루를 만끽하세요

좋아하는 음료를 들고 잠시 밖에 나가 앉아요

{ 매일 아침 수련 }

하늘의 색이 변화하는 것
그리고 새들의 지저귐을 들어요

세상이 살아 움직이는 것을 지켜보고
현재에 온전히 집중하는 시간을 가져요

자기 돌봄

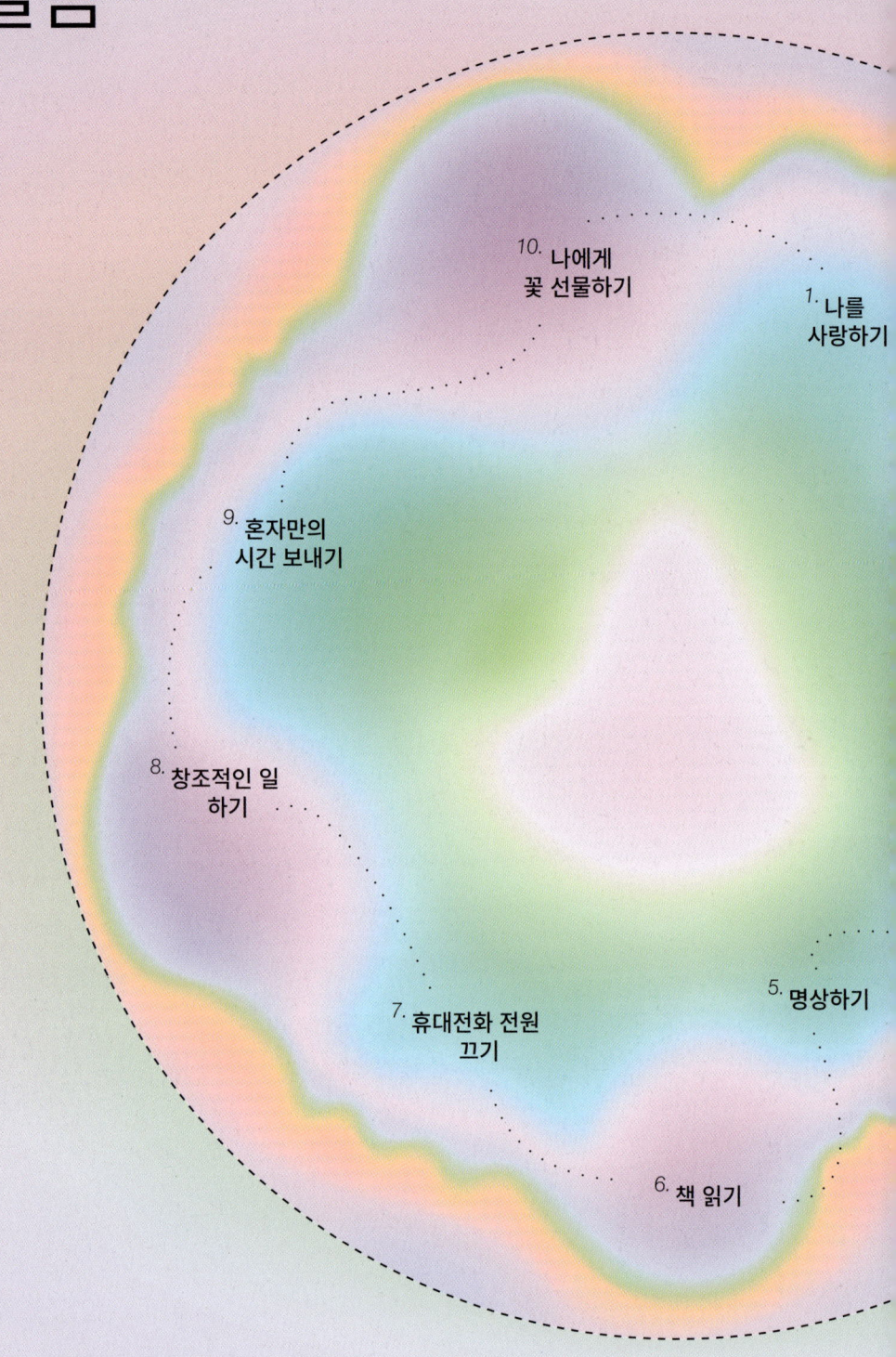

10. 나에게 꽃 선물하기
1. 나를 사랑하기
9. 혼자만의 시간 보내기
8. 창조적인 일 하기
7. 휴대전화 전원 끄기
5. 명상하기
6. 책 읽기

2. 목욕하기

3. 향초를
켜기

4. 한 잔의 차나
커피 마시기

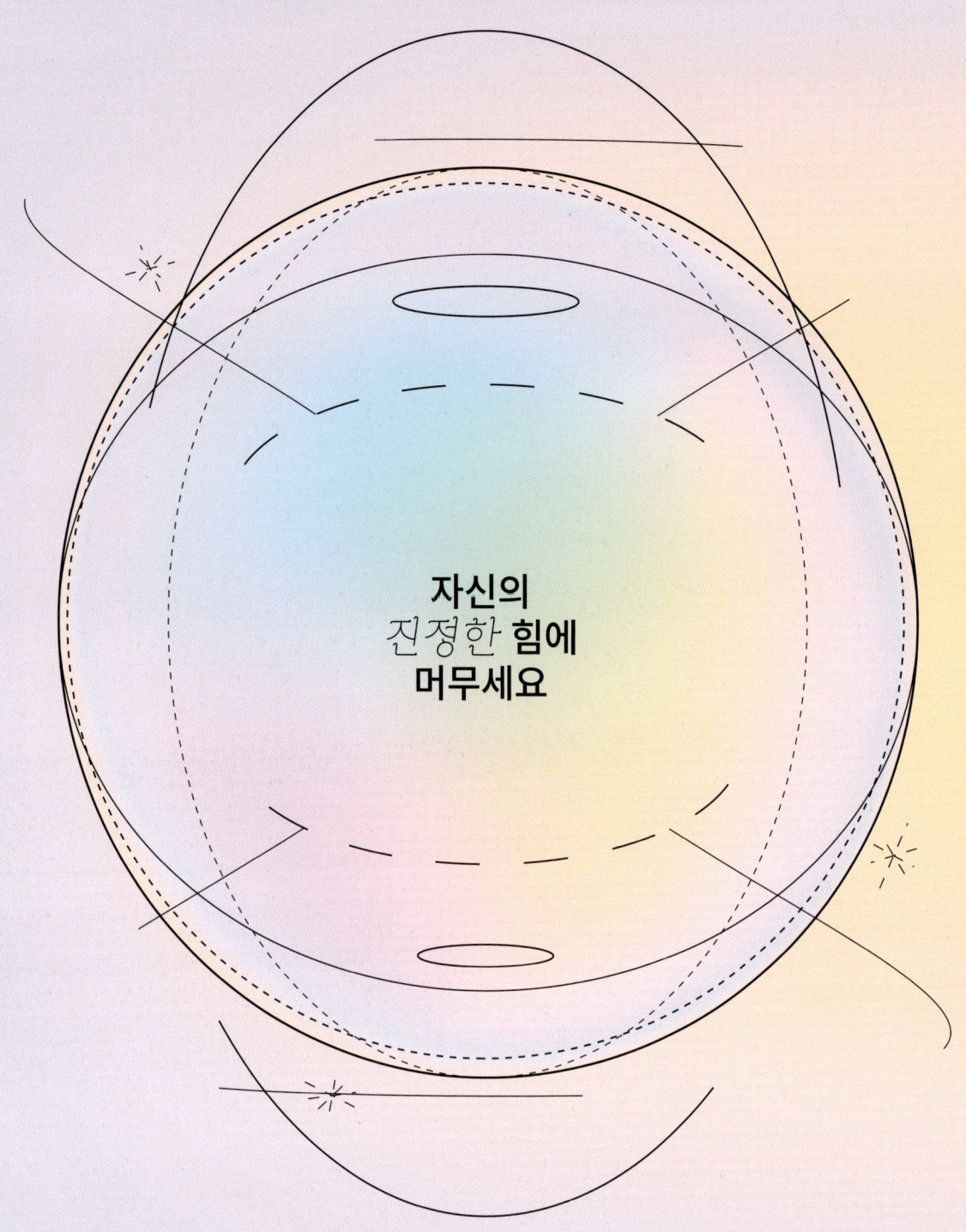

지금 이 순간에 안착하고
안정감을 찾기

1. 발을 땅에 댄 채로 편안하게 서거나 앉을 수 있는 장소를 찾은 뒤,
   자신을 한 그루의 나무라고 상상해 보세요

2. 나의 발에 집중하고, 발의 느낌이 어떤지 알아차려 봅니다

3. 발에서부터 뿌리가 뻗어 나와,
   땅과 나를 단단히 감싸는 것을 상상해 보세요

4. 뿌리가 땅속으로 더 깊이 파고들어 가는 느낌을 느껴보세요

5. 서서히 주의를 몸통으로 돌려, 자신의 다리와 몸통이
   강하고 단단한 나무 기둥이라고 상상해 보세요

6. 심호흡을 세 번 내쉬고,
   내가 얼마나 단단하게 안착되어 있는지 느껴보아요

7. 이 안정감이 당신의 하루와 함께할 거예요

우리는 모두 같은 진리를
드러내고, 발견하고, 깨닫는
여정 위에 있어요

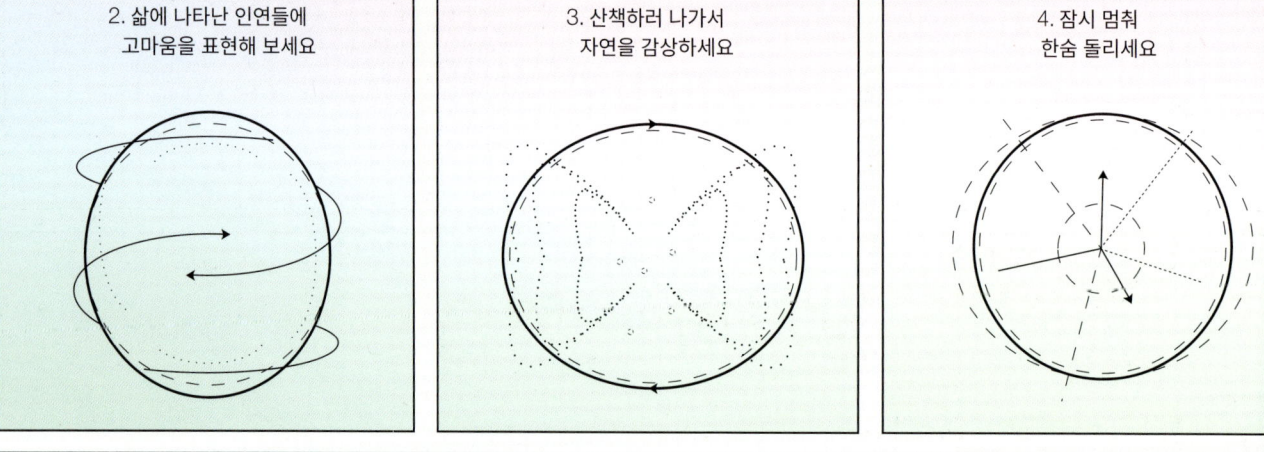

1. 감사함을 느끼는 순간이나 고마운 사람들의 사진을 인화해 보세요 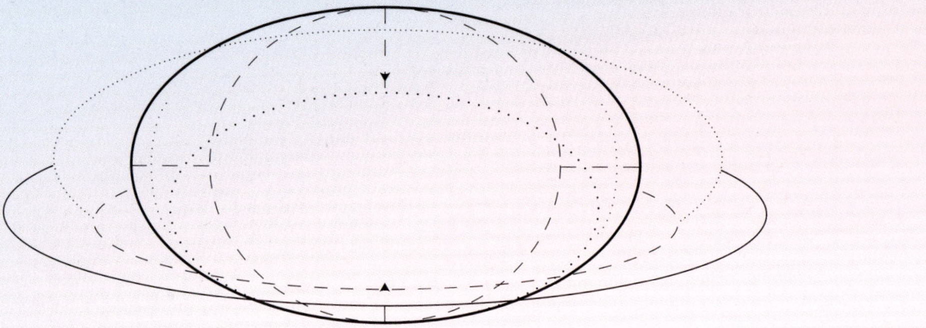
2. 삶에 나타난 인연들에 고마움을 표현해 보세요
3. 산책하러 나가서 자연을 감상하세요
4. 잠시 멈춰 한숨 돌리세요
5. 당신의 근원에 감사해 보세요
  예: 우주, 신, 자연, 수호천사

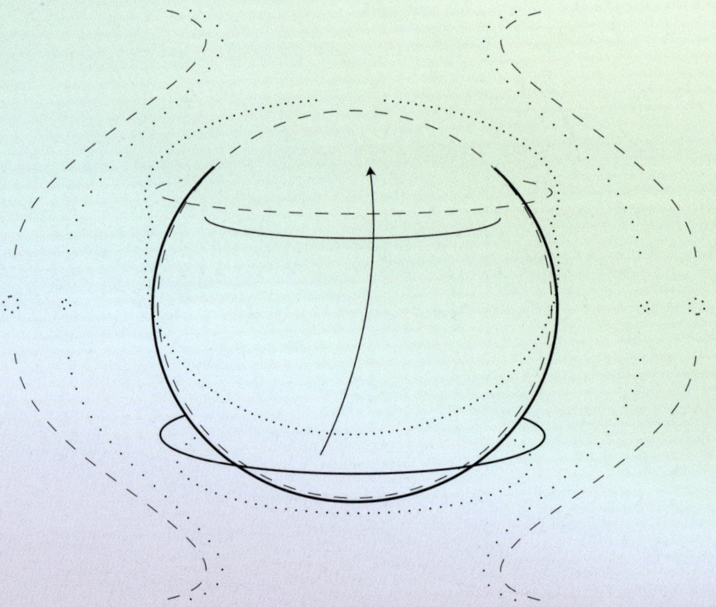

6. 감사 일기를 쓰세요

7. 환기가 필요할 땐 만트라를 외워 보세요

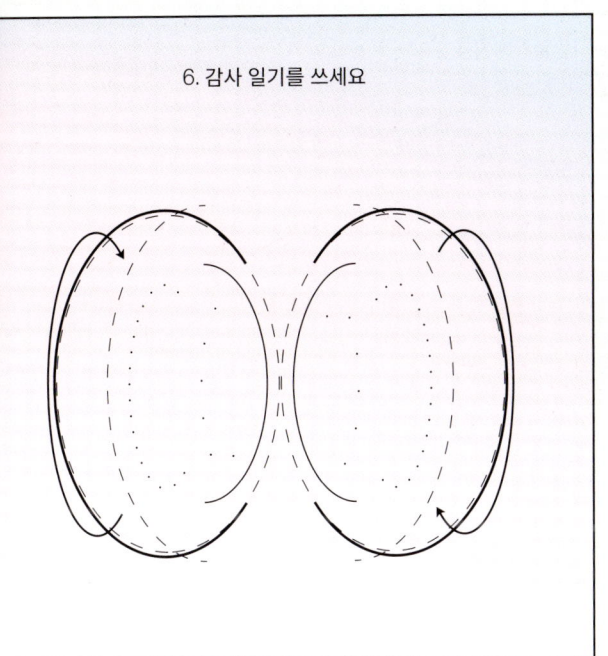
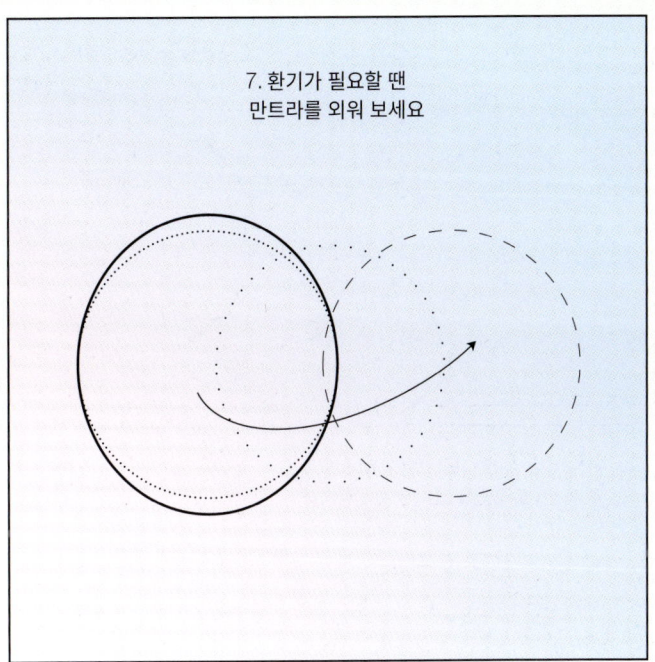

감사하는 연습

8. 감사 카드를 보관하고 동기부여가 필요할 때마다 그걸 꺼내 보세요

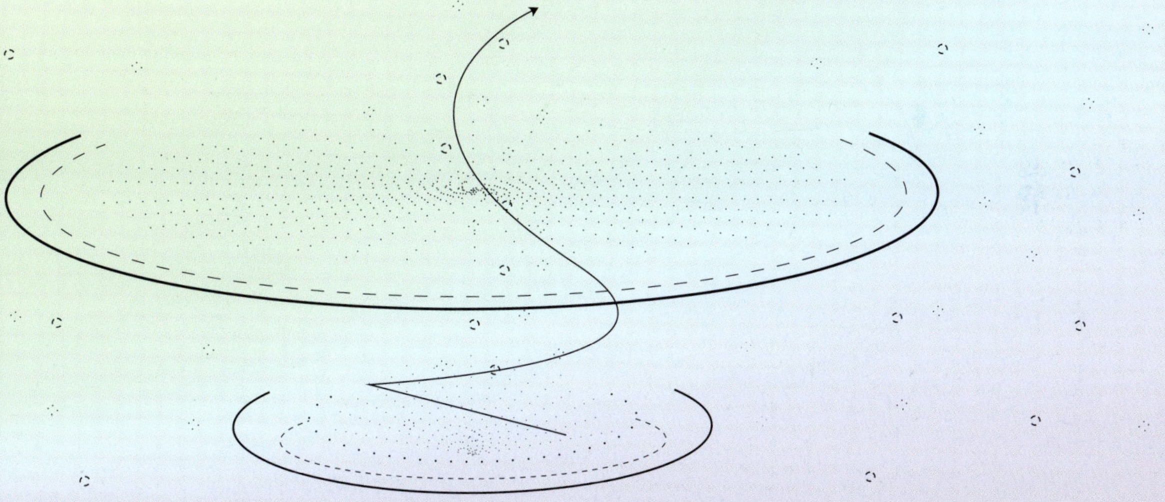

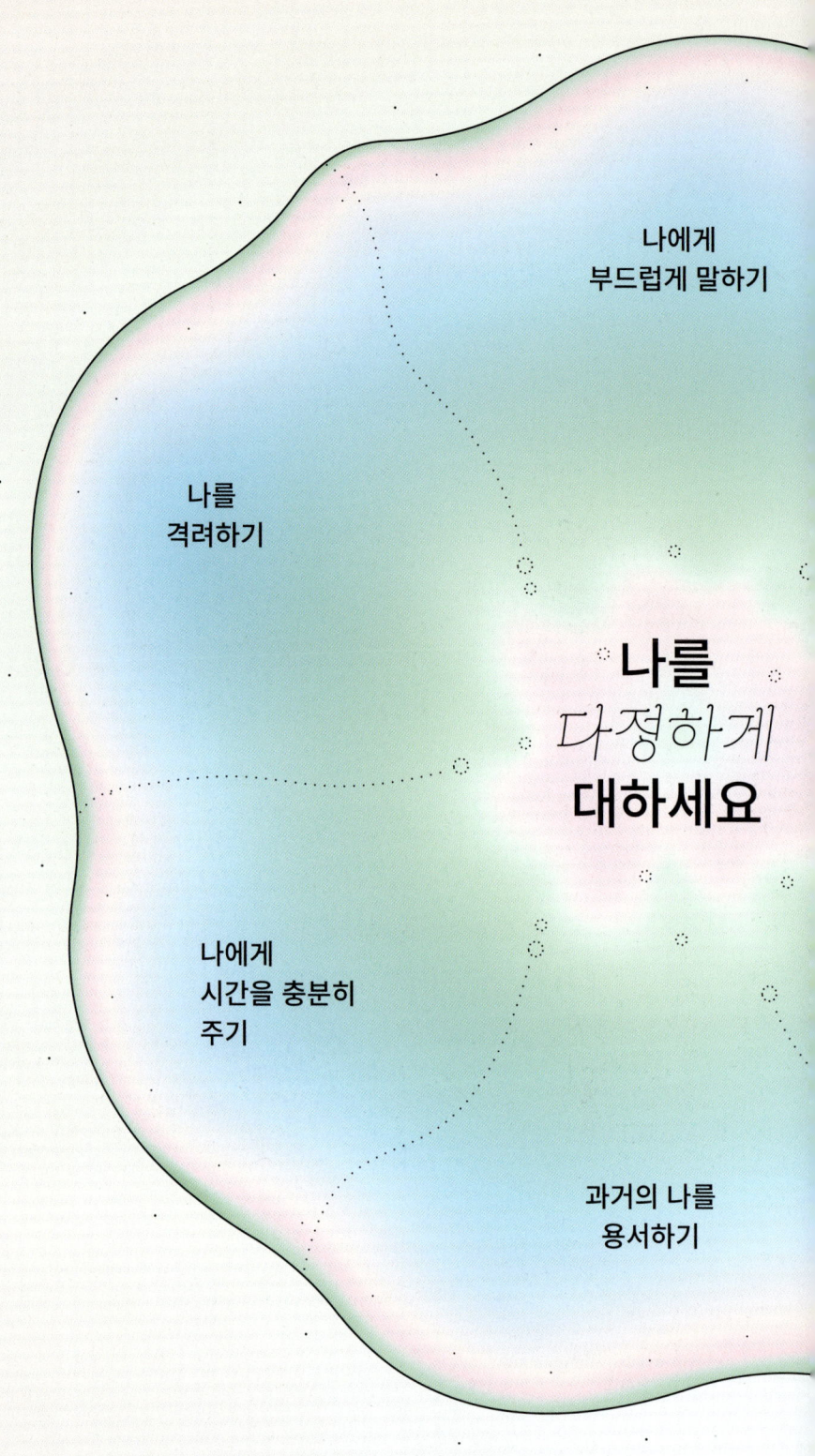

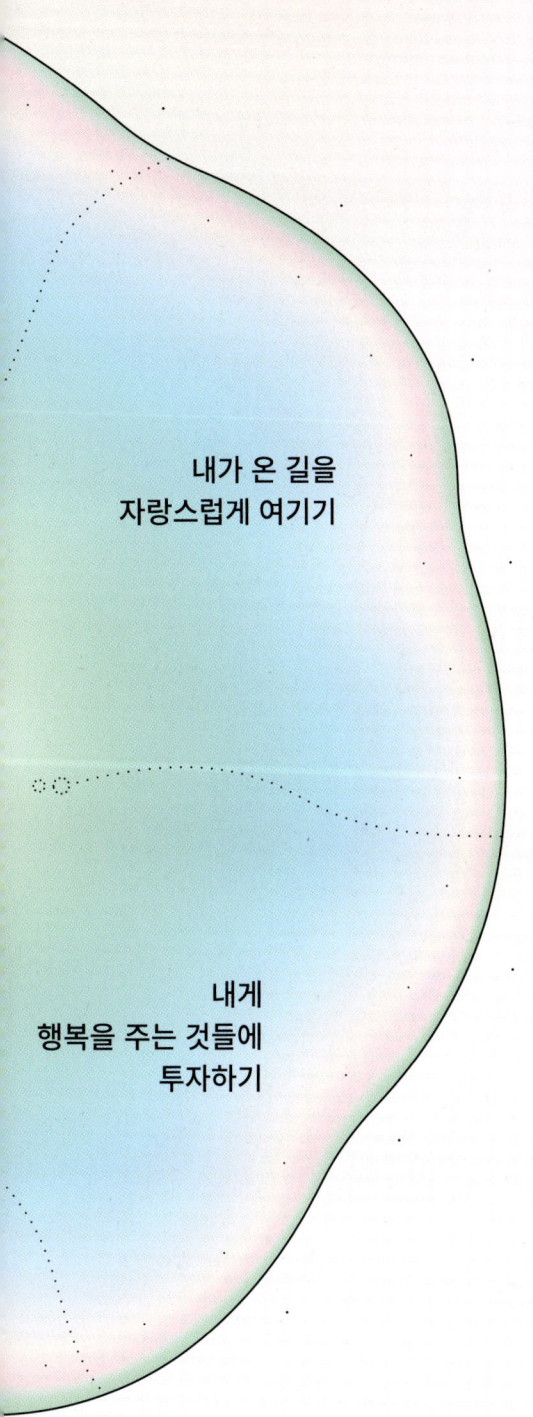

좋은 소식

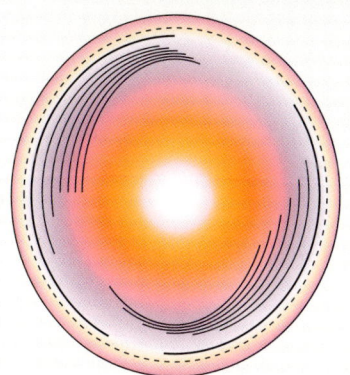

놀랍도록
잘해내고 있어요

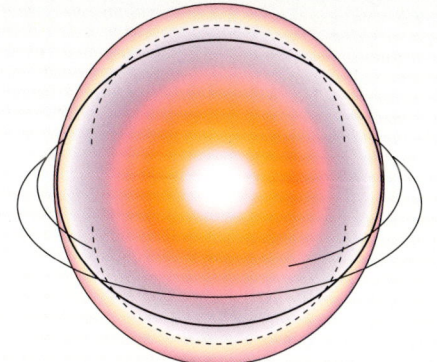

상상이 이루어지는 것은
진짜예요

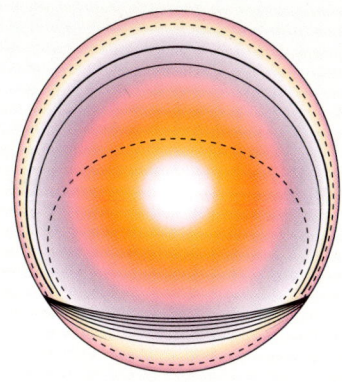

스스로 미래를
창조해 가요

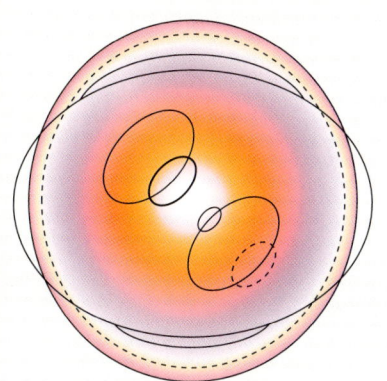

타인의 생각은
그들의 것이에요

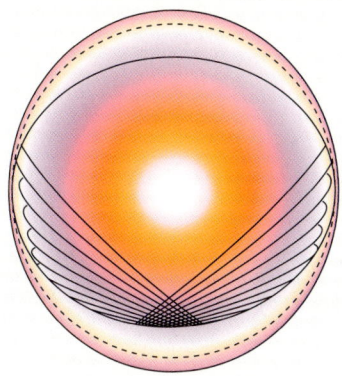

사랑은 언제나
승리해요

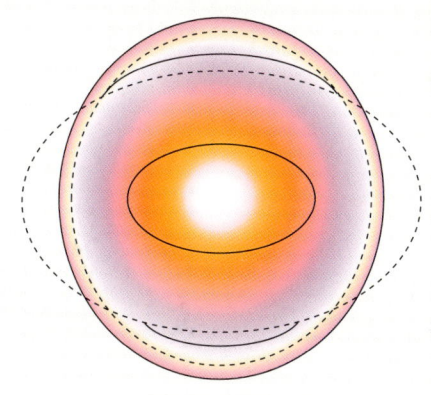

결국엔
다 잘될 거예요

1. 따뜻한 빛이 되세요
2. 부드러운 빛이 되세요
3. 희망찬 빛이 되세요
4. 친절한 빛이 되세요

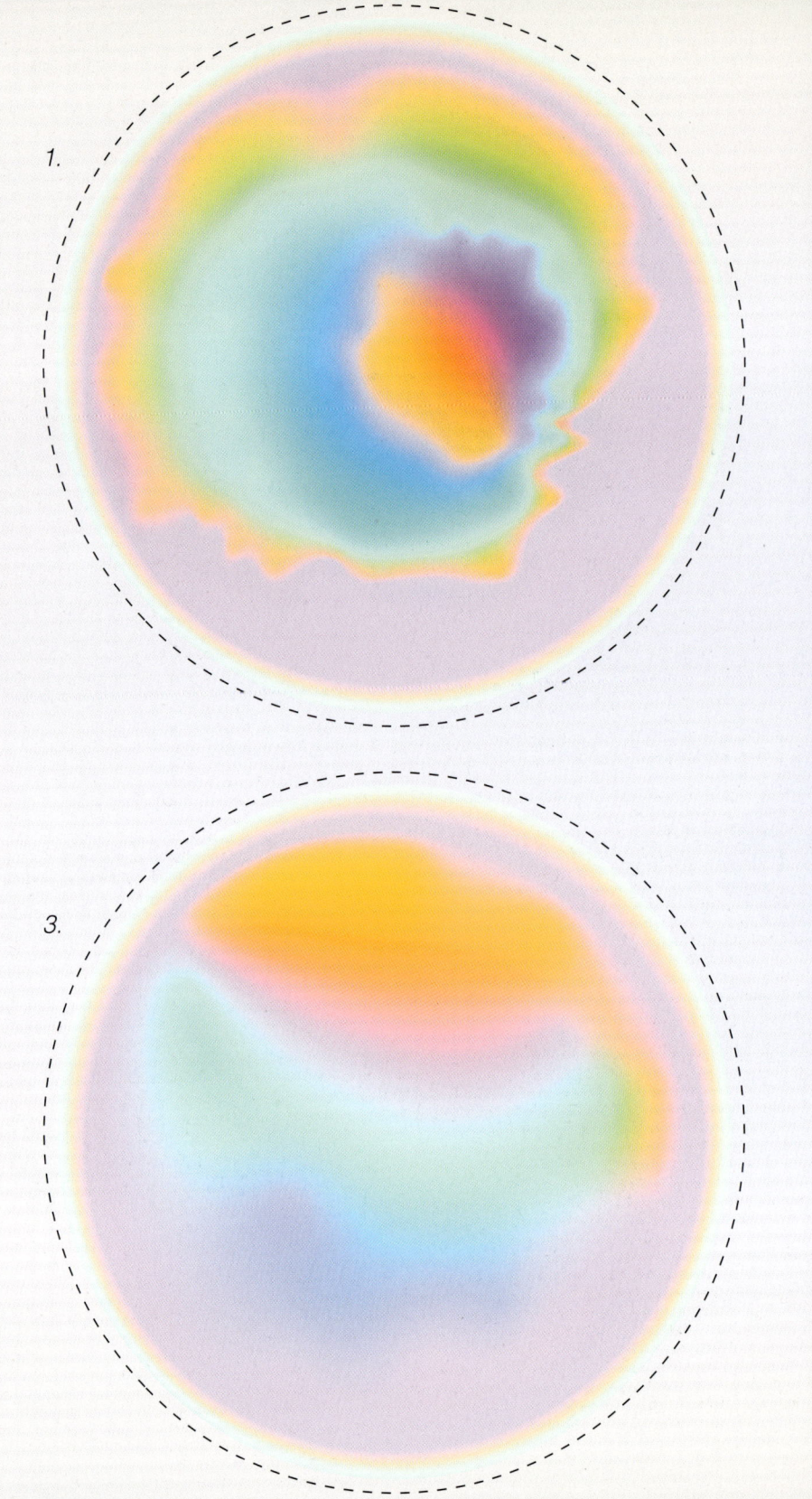

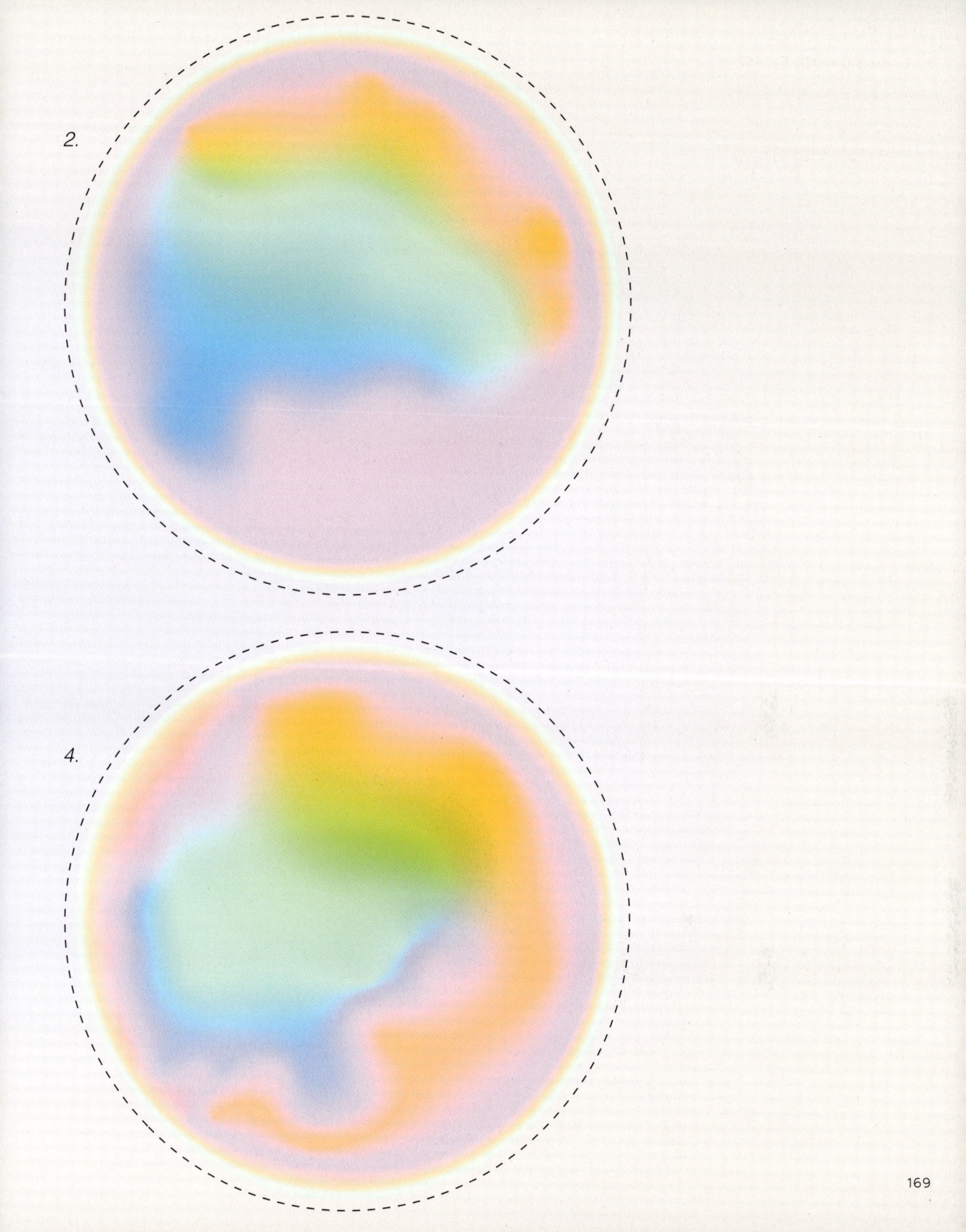

1. 숨쉬고

2. 감사하고

4. 오늘을 사랑하세요
반복

3. 마음을 차분히 하고

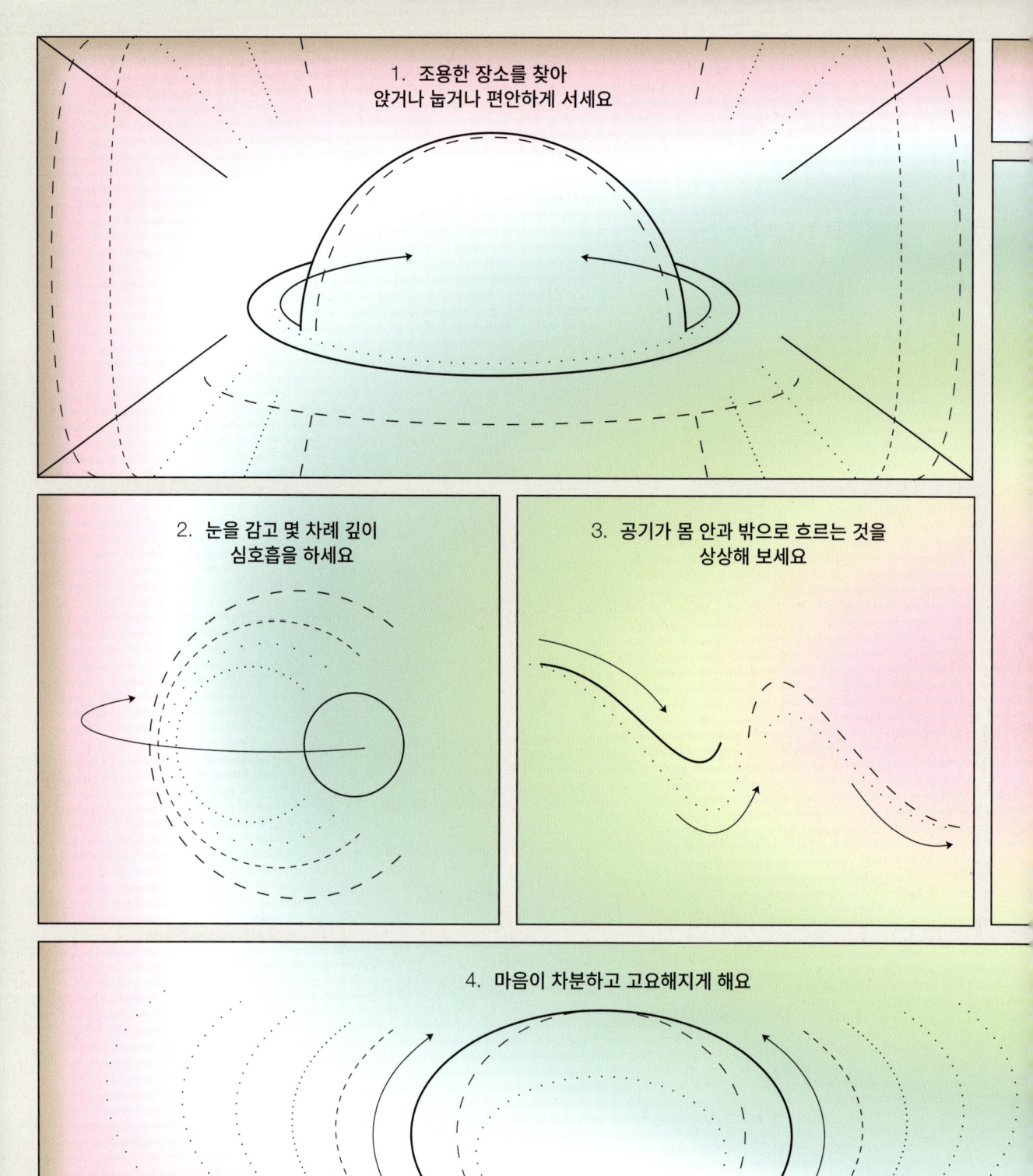

명상의 기술

5. 다른 생각이 들면 주의를 다시 호흡으로 돌리세요

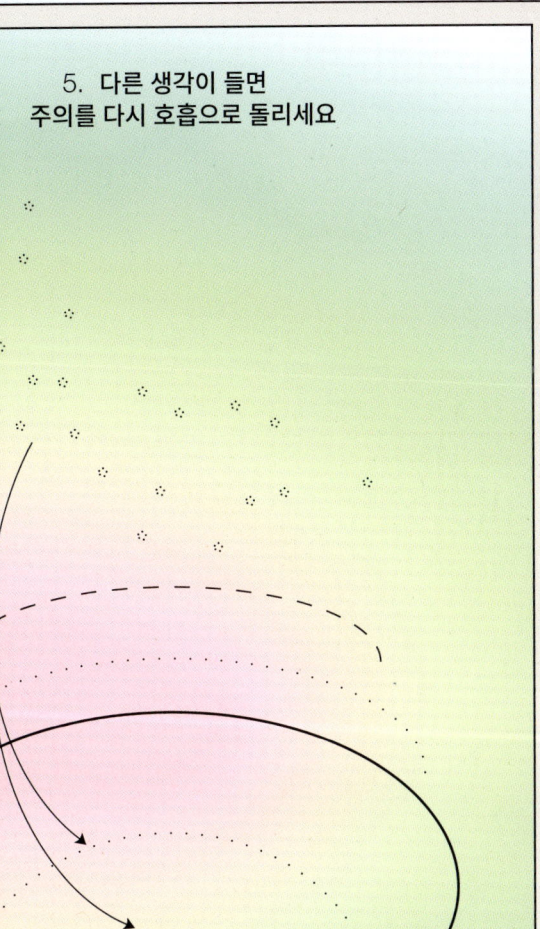

6. 계속해서 호흡에 집중해요

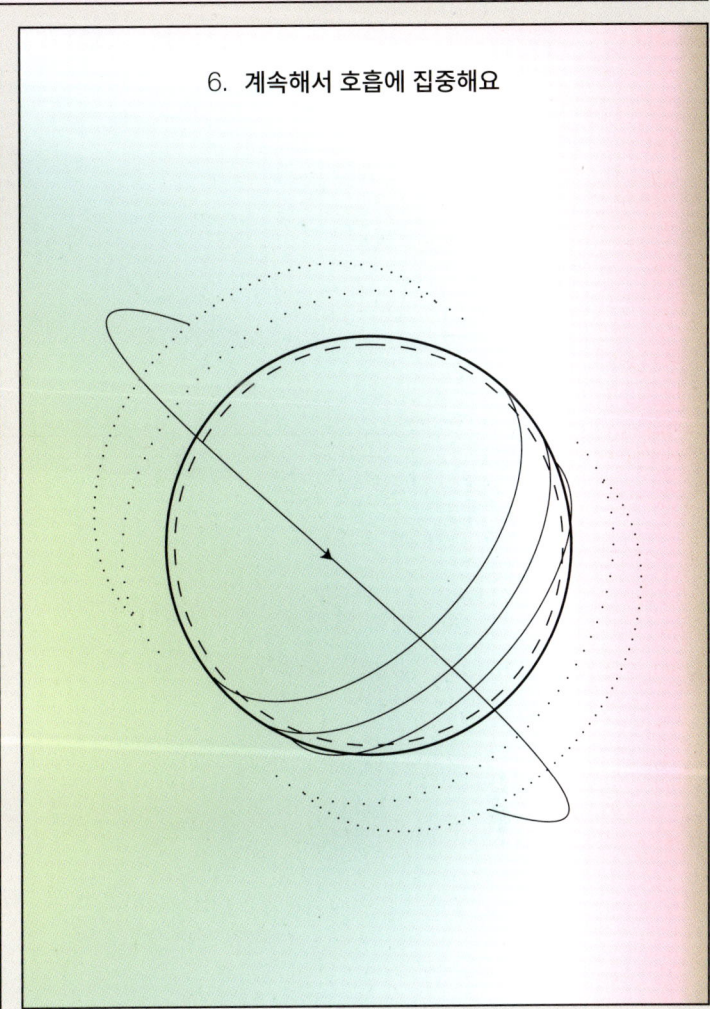

7. 준비가 되면 눈을 떠요

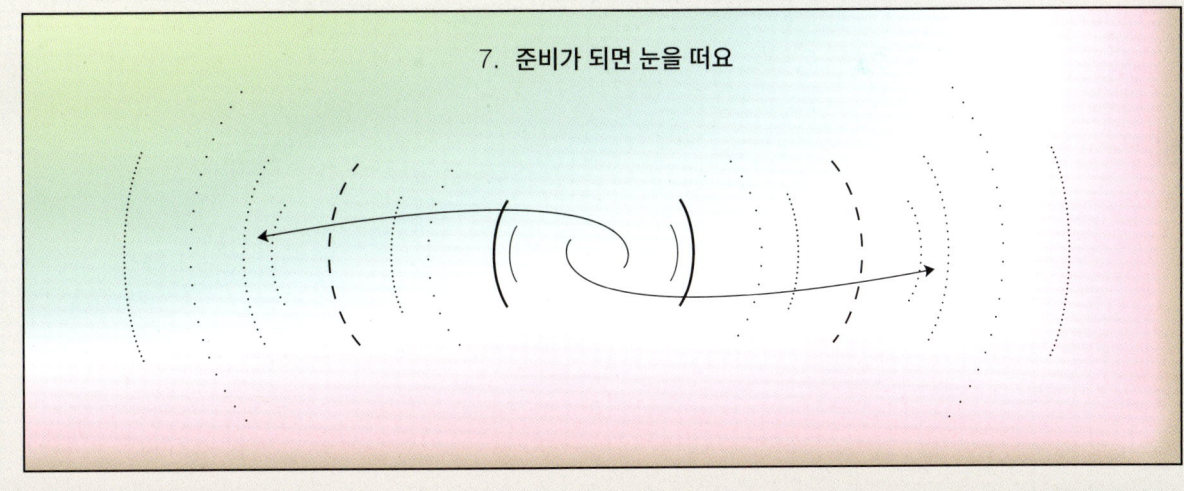

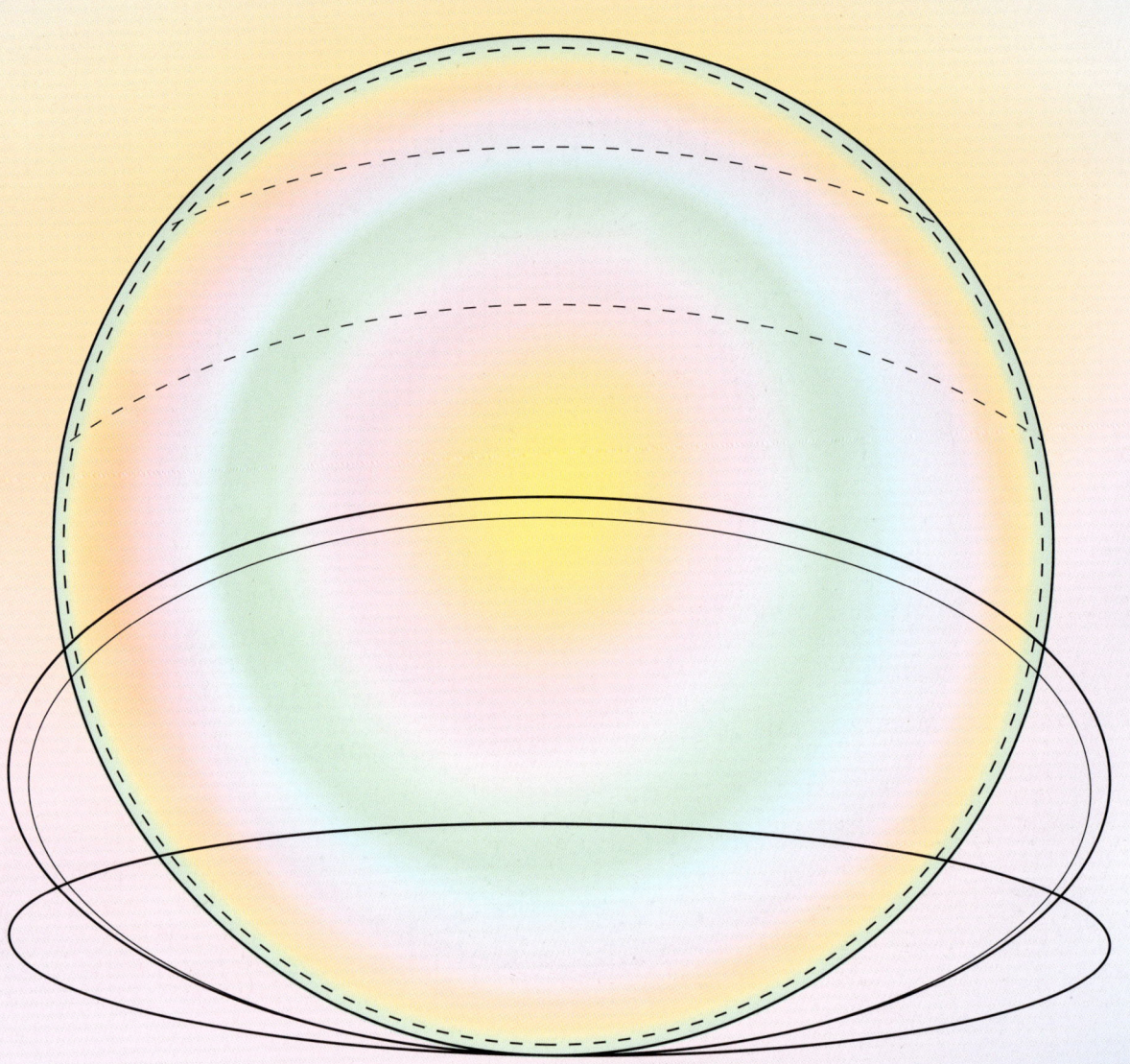

사랑이 있다는 것을 보여주세요	얼굴에 미소를 띠세요	그들의 마음에 불을 밝히세요
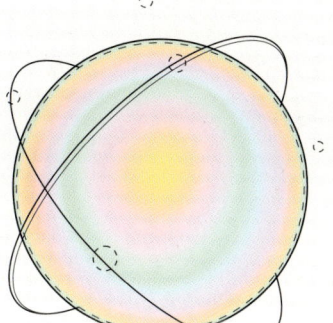	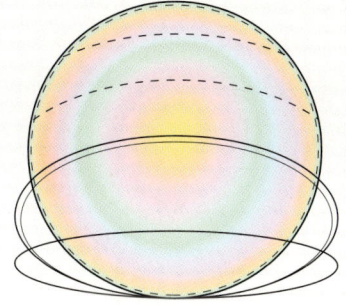	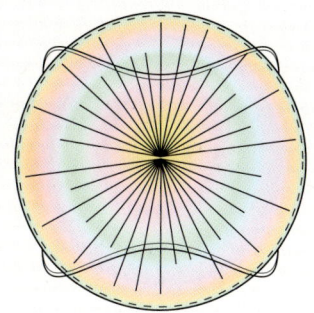

친절은 모든 것을 변화시켜요

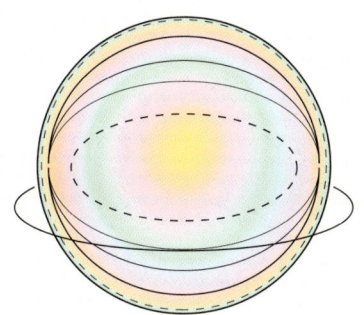	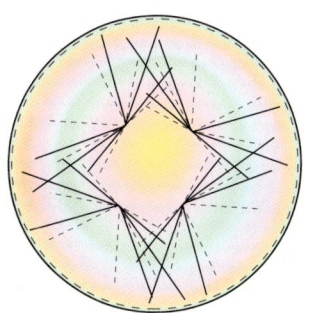	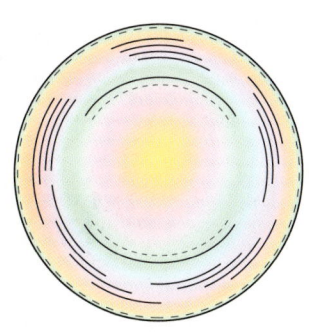
오늘 누군가의 하루를 밝게 만들어주세요	빛을 퍼뜨리기 위해 당신의 재능을 사용하세요	사소한 행동도 중요해요

5장

희망

결국 우리 여행의 궤적은 간단해요. 보고, 느끼고, 변화하고, 성장하는 것.

성장하며 얻은 식견으로 세상과 자신을 더욱 잘 이해하게 됩니다. 판단을 내려놓고 수용을 배우며, 우리는 나와 타인에게 더욱 자비로워지지요. 그리하여 우리는 진정한 자아와 조화를 이루는 것으로부터 오는 평화와 만족감을 경험합니다. 이렇듯 명료한 관점에서 삶을 바라보면, 세상이 희망과 빛으로 가득 차 있다는 것을 알게 됩니다. 그리고 우리가 희망을 품을 때(나와 다른 이를 위해 좋은 것을 바랄 때) 가능성에 눈을 뜨게 되고, 나의 안팎으로 매일 존재하는 마법을 더욱 잘 알아차릴 수 있게 될 거예요.

우리 모두 가슴 속에 한 줄기 빛을 가지고 태어났으며, 그 빛에 연결될 때 비로소 최고의 잠재력을 펼칠 수 있다고 믿어요. 우리의 빛은 주변을 밝히며 세상을 더욱 희망차고 아름다운 곳으로 만들어줍니다.

당신은 놀라운 여행을 하기 위해 이곳에 왔어요. 그것이 항상 쉽지만은 않다는 것도 알고 있습니다. 길을 잃었다고 느끼거나 확신이 없거나 버거울 때가 있을 거예요. 그러나 나만의 빛이 언제나 마음 안에서 빛나고 있다는 것을 기억하세요. 그 빛이 눈부시고 빛나는 여정으로 당신을 안내하도록 말이에요.

희망은 우리를 견디게 하는

다정한 속삭임이에요

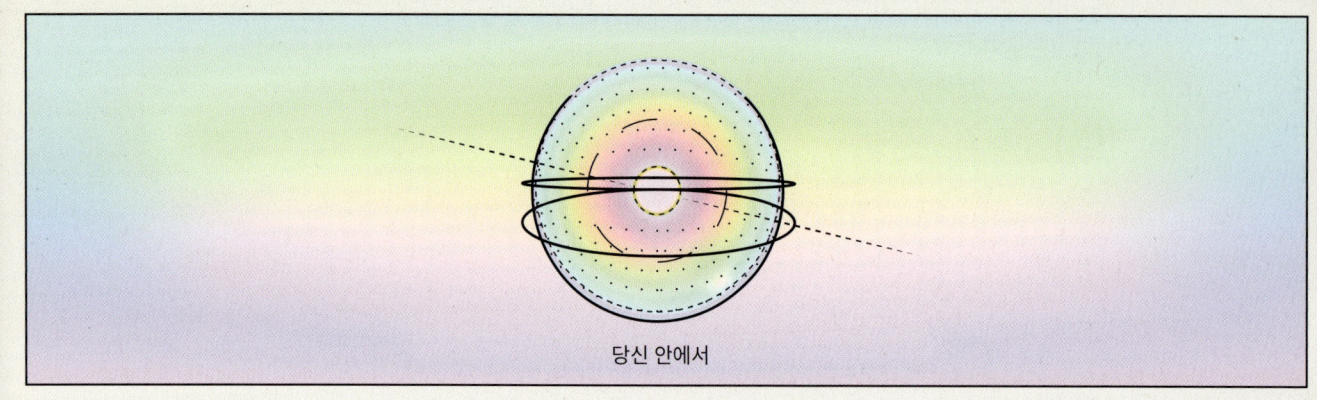

당신 안에서

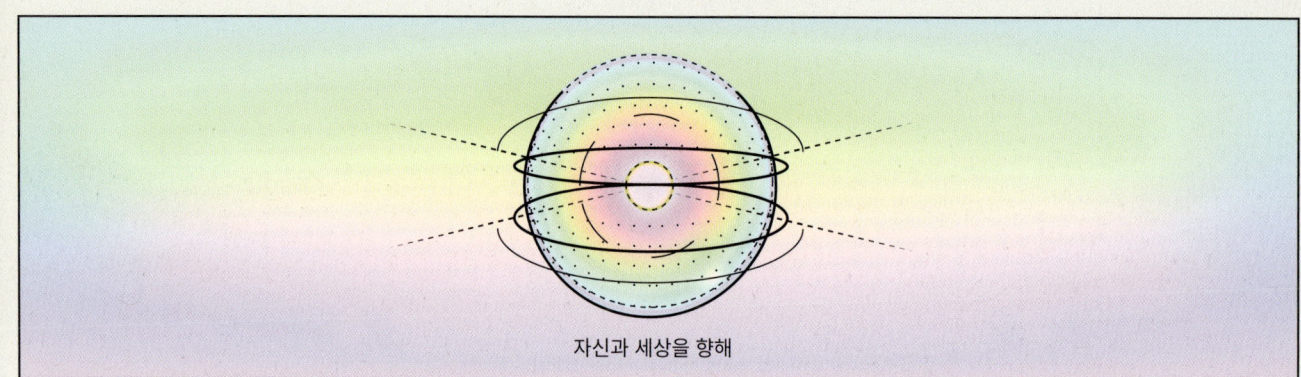

자신과 세상을 향해

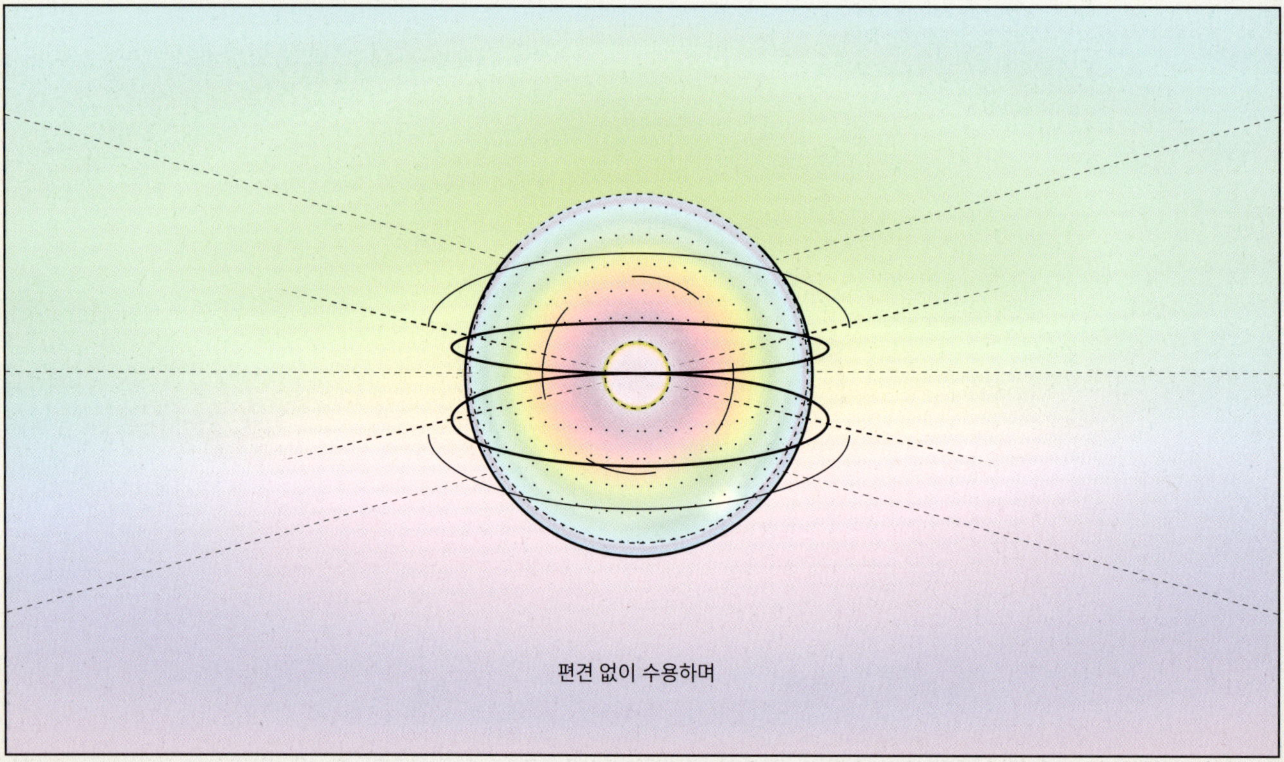

편견 없이 수용하며

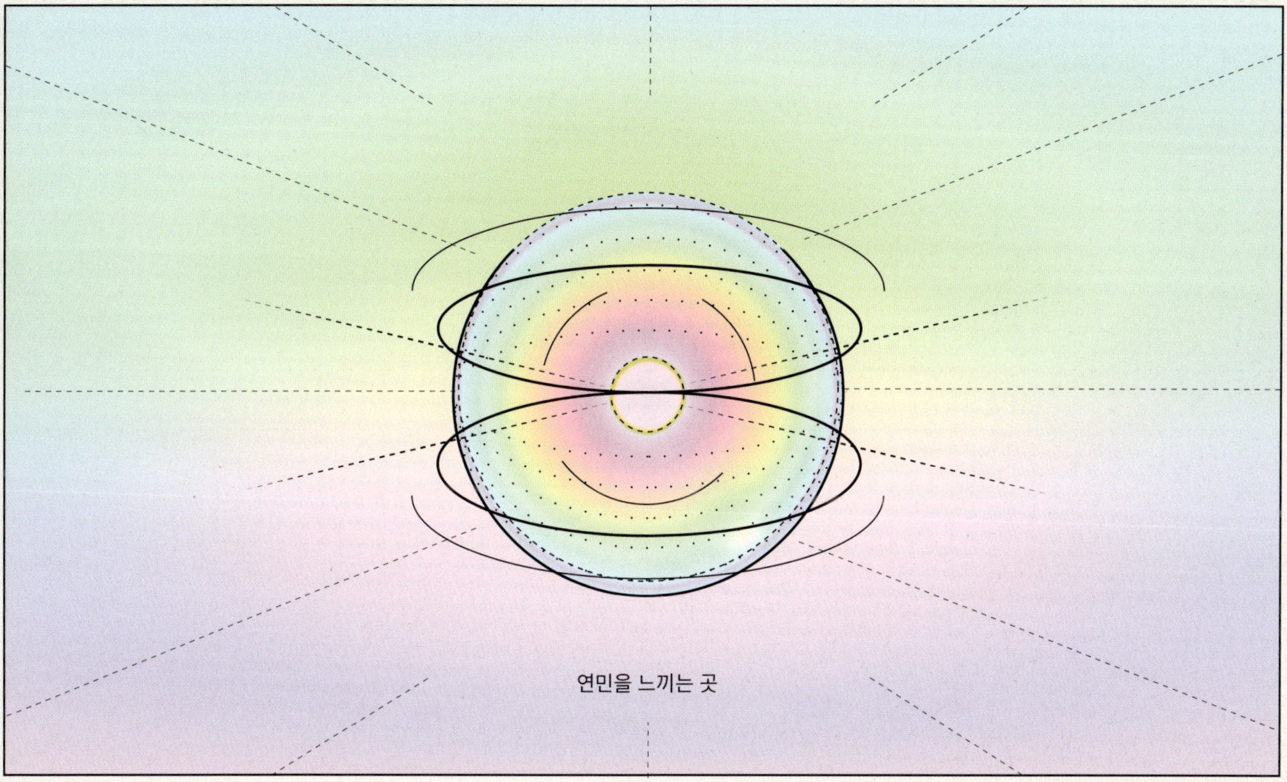

연민을 느끼는 곳

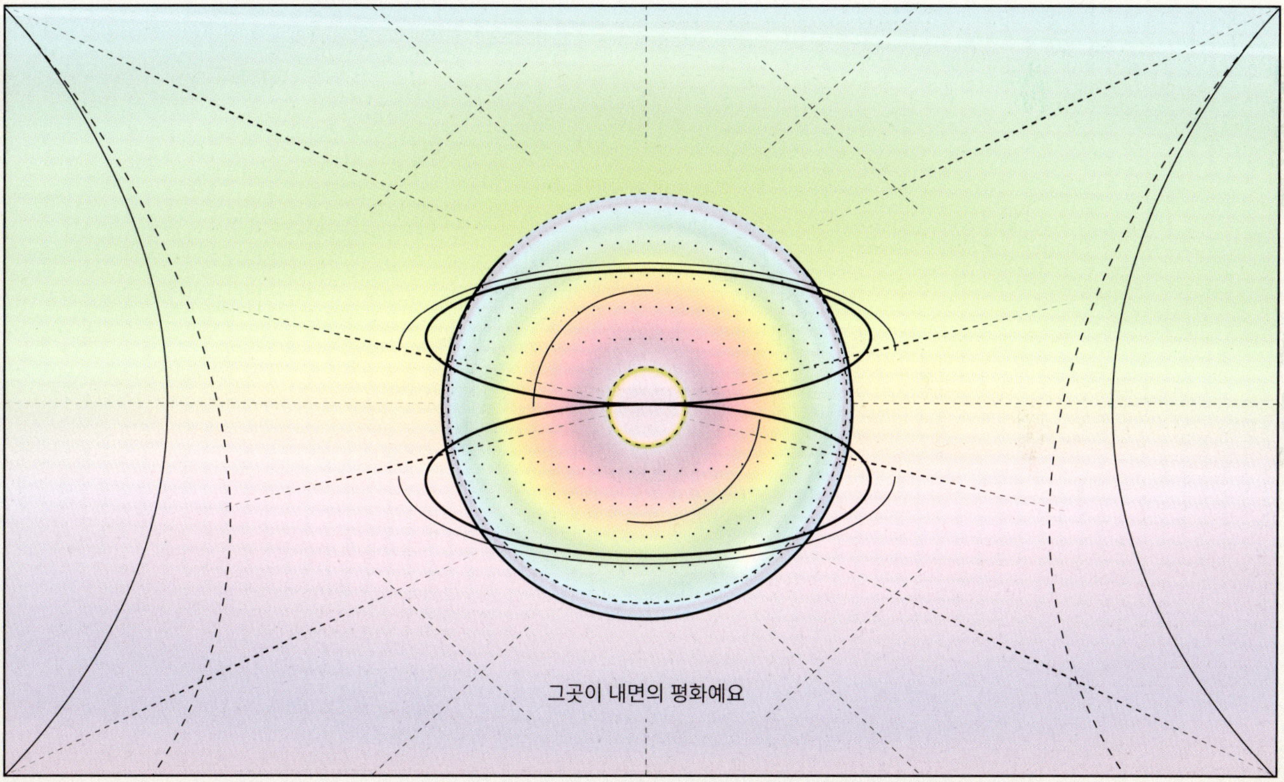

그곳이 내면의 평화예요

내면 아이에게 보내는 메시지
(크게 소리 내 읽어보세요)

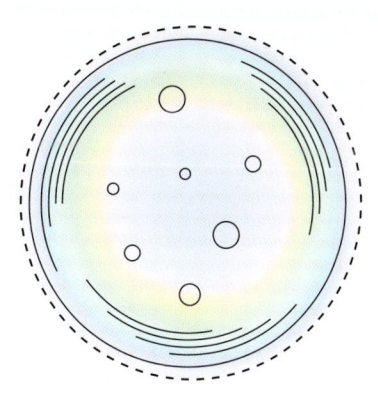

나는 너를 사랑해

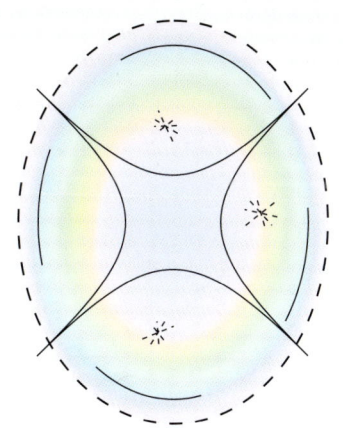

나는 너를 보고 있어

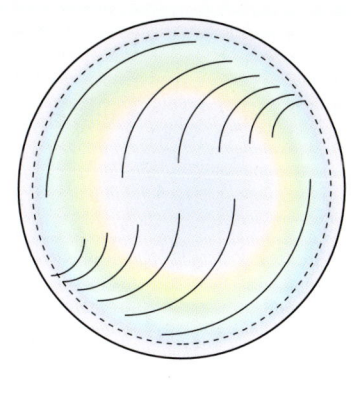

나는 너를 듣고 있어

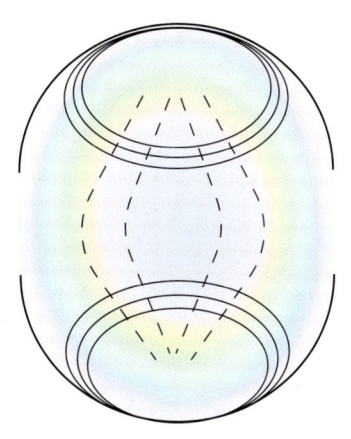

나는 너를 받아들여

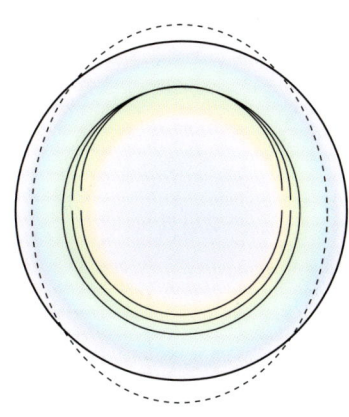

나는 네게 감사해

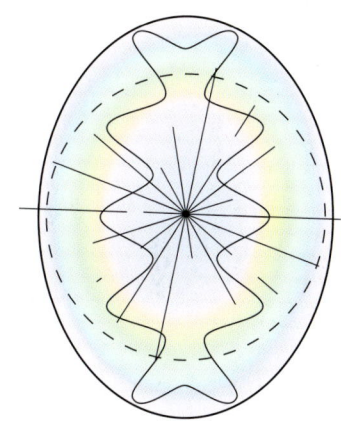

나는 너를 칭찬해

우주와 이야기하는 법

1. 우주와의 연결에 정신을 집중할 수 있는 평화롭고 사적인 장소를 골라요.

2. 지금 내 삶에서 일어나고 있는 일에 관해 이야기해요. 현 상황의 긍정적인 부분과 어려움이 있는 부분 모두 설명해요. 나의 행동과 결정을 잠시 되돌아보는 시간을 가져요.

3. 나보다 높은 우주에 지금 겪고 있는 문제를 이끌어달라고 요청하세요.

4. 필요하다면 신호나 메시지를 간구하세요. 응답을 받게 된다면, 감사를 잊지 마세요.

5. 우주를 신뢰하고, 우주가 가장 창의적이고 놀라운 방향으로 나를 인도할 거라고 믿으세요. 모든 것이 최선으로 이루어질 것을 믿으세요.

우주와 이야기하기

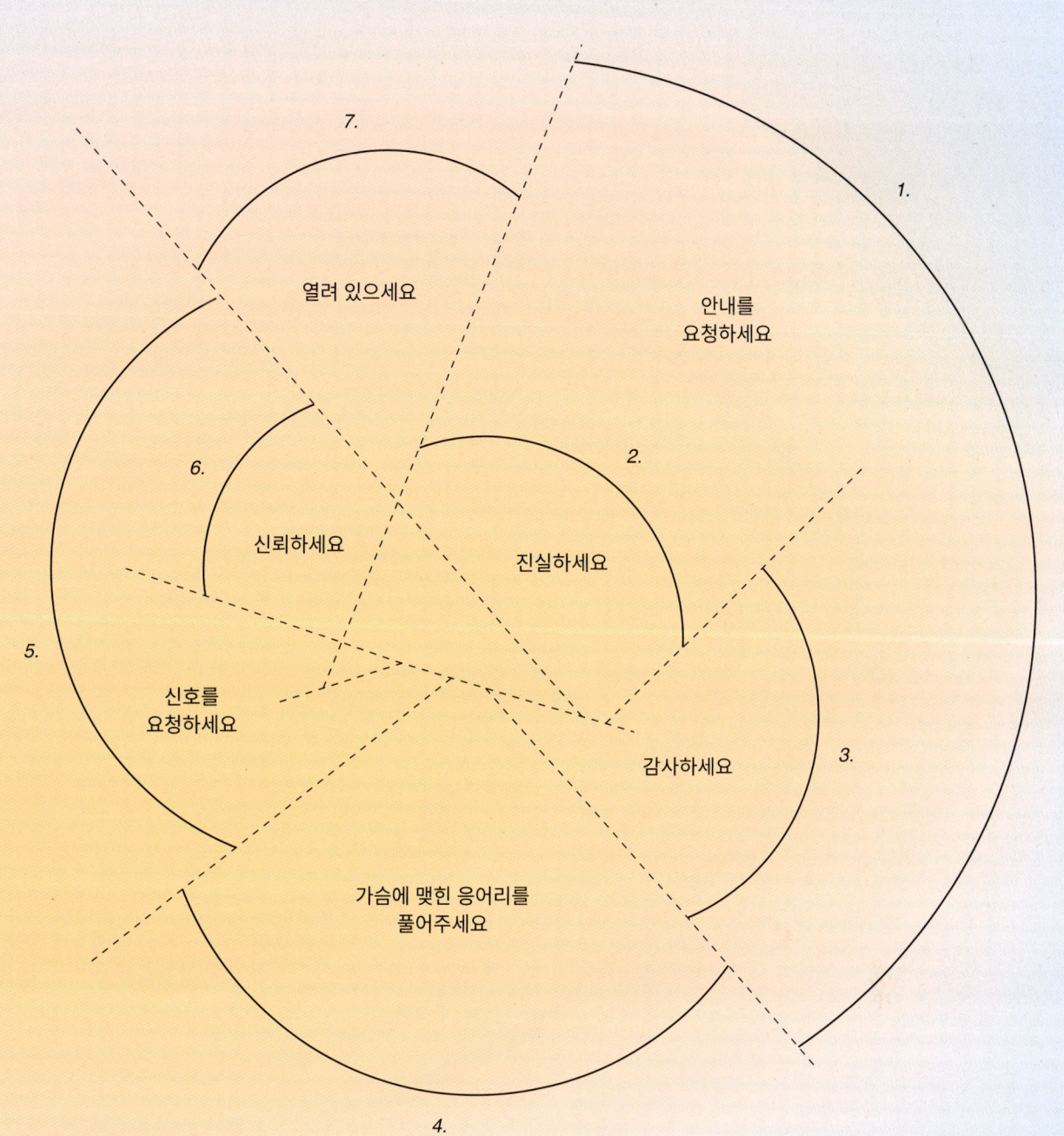

우주와의 연결을 위해 해야 할 일

1. 주변의 아름다움 보기

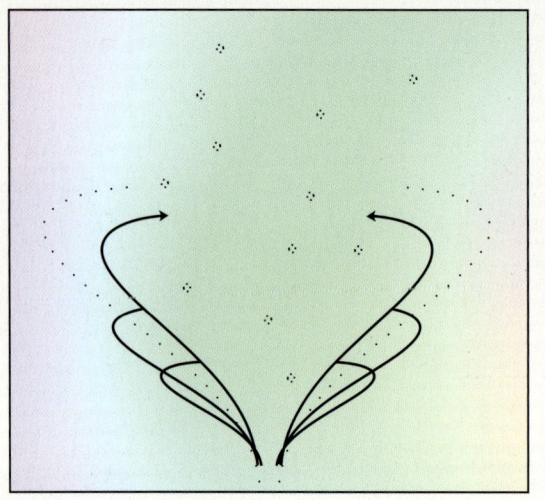

2. 신호 찾아보기

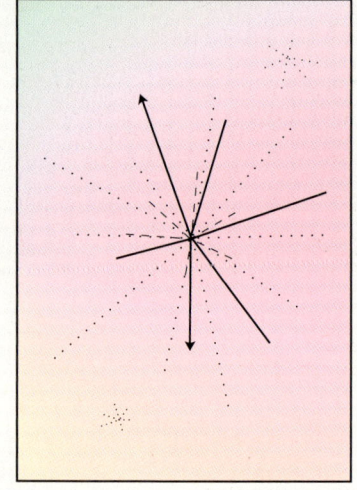

3. 우주와 이야기하기

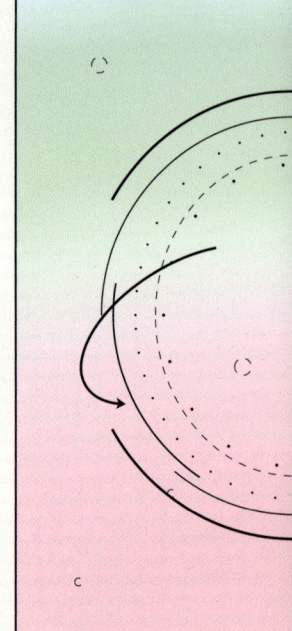

4. 꿈을 현실화시키기

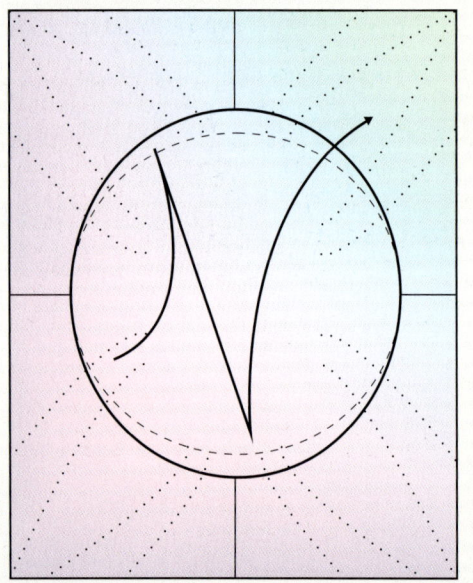

5. 맨발로 걷기

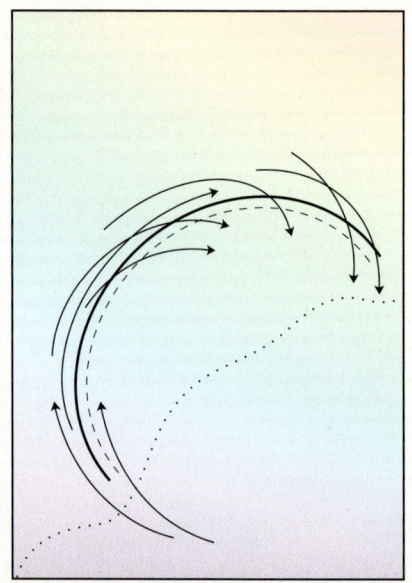

6. 태양을 즐기기

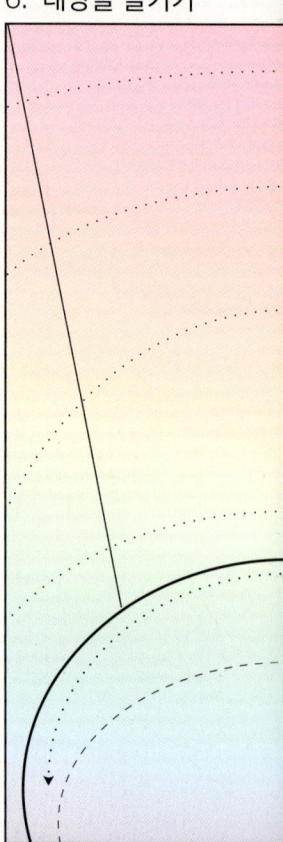

7. 매일매일에 감사하기

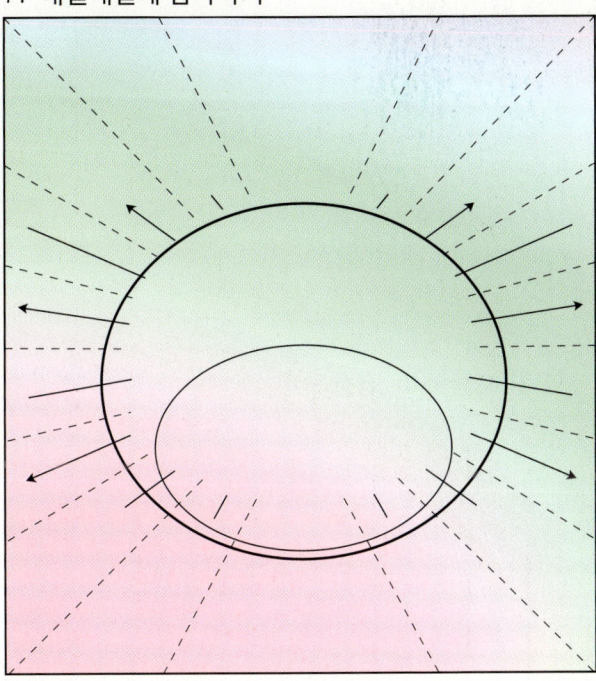

8. 명상하기

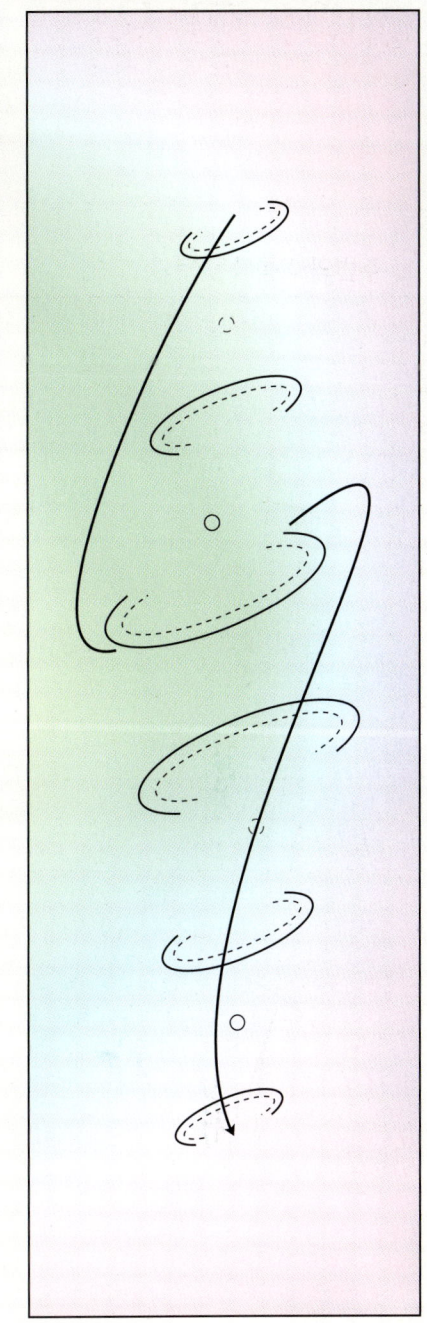

9. 가슴을 열기

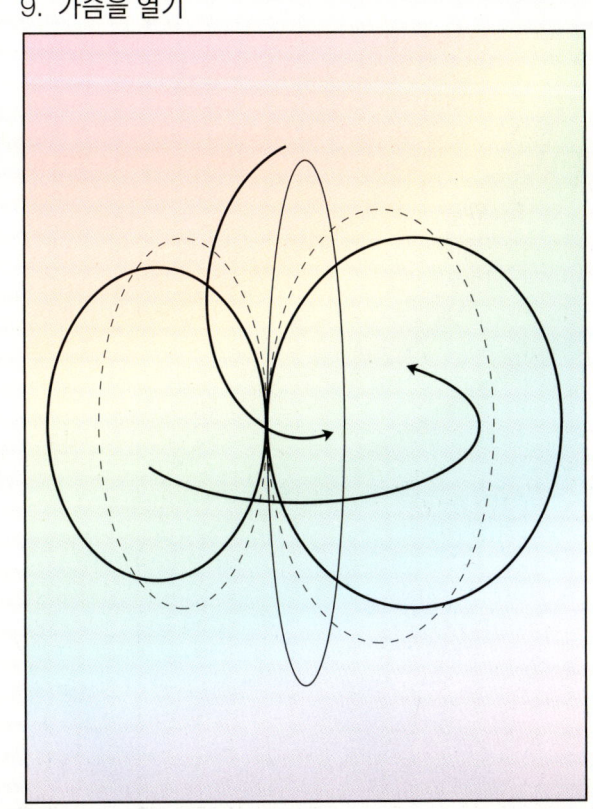

투명한 보호막

1. 머리부터 발끝까지 나를 감싸는 빛의 방울을 상상해 보세요.

2. 이 방울이 주변의 부정적인 생각, 상황, 감정, 에너지로부터 나를 보호하는 강력한 보호막이라고 생각해 보세요.

3. 보호막이 점점 더 커져서 나의 집, 사랑하는 사람들 등 내가 아끼는 모든 것을 포용한다고 상상해 보세요.

4. 보호막을 부정적인 영향은 물리치고 긍정적인 에너지를 끌어당기는 힘이라 여기세요.

5. 준비가 되었으면, 나를 보호해 주고 긍정의 힘을 준 보호막에 감사를 표현하세요.

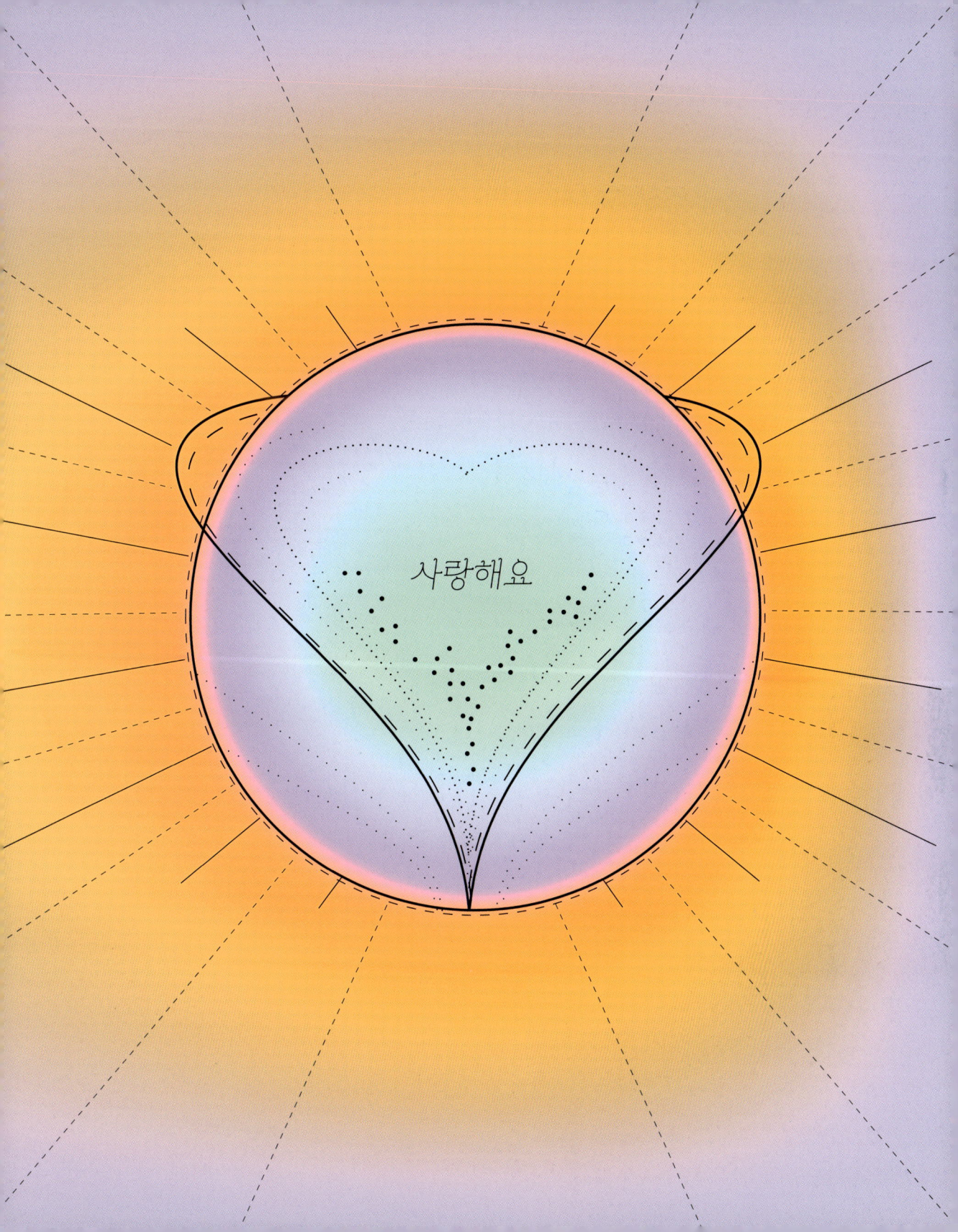

우리는 빛이에요
우리는 사랑이에요

당신의 에너지를 -------- 사랑하고 -------- 신뢰하고 -------- 치유하고 -----

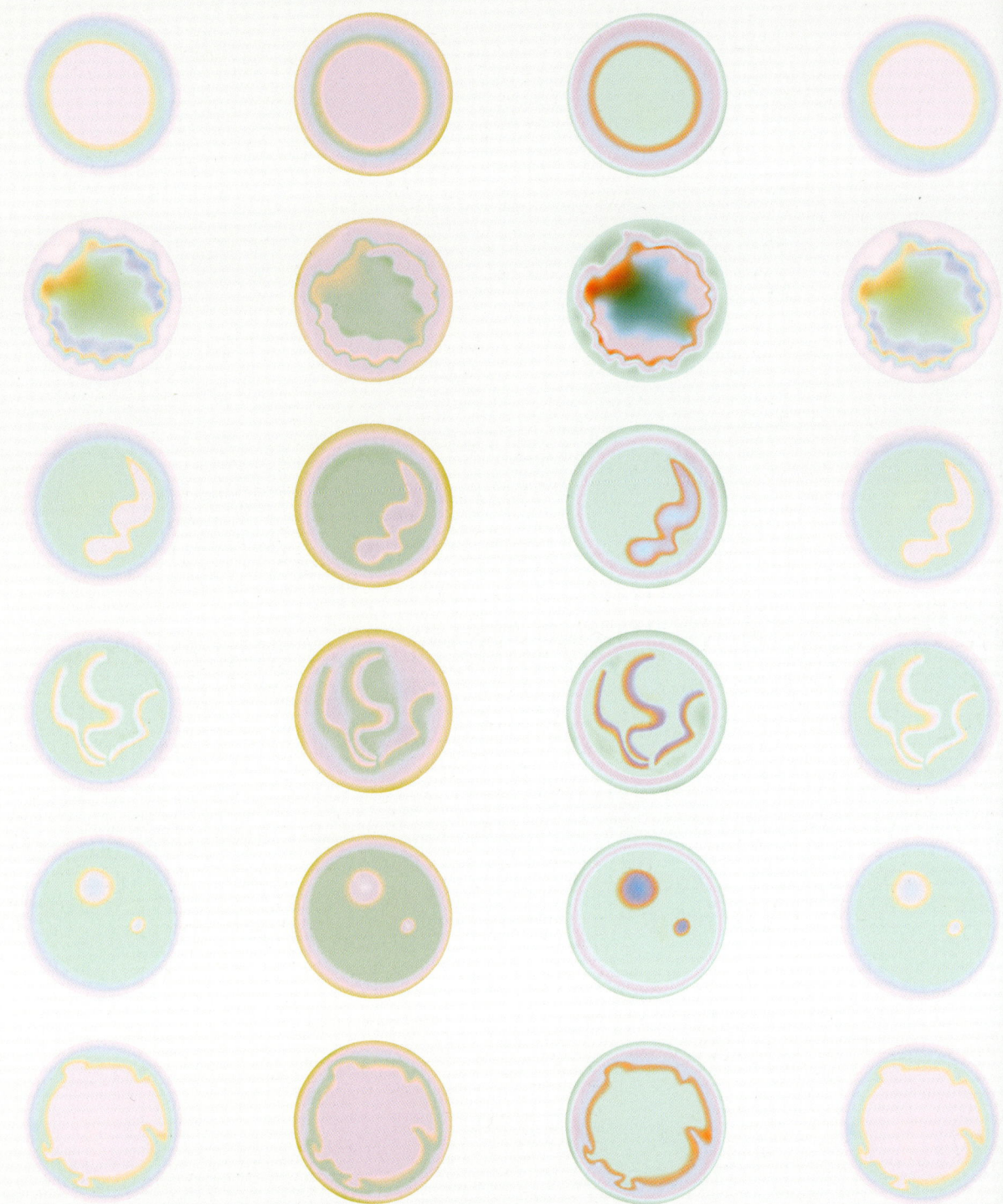

영감을 주고 -------- 끌어당기고 -------- 발산하는 데 -------- 사용하세요

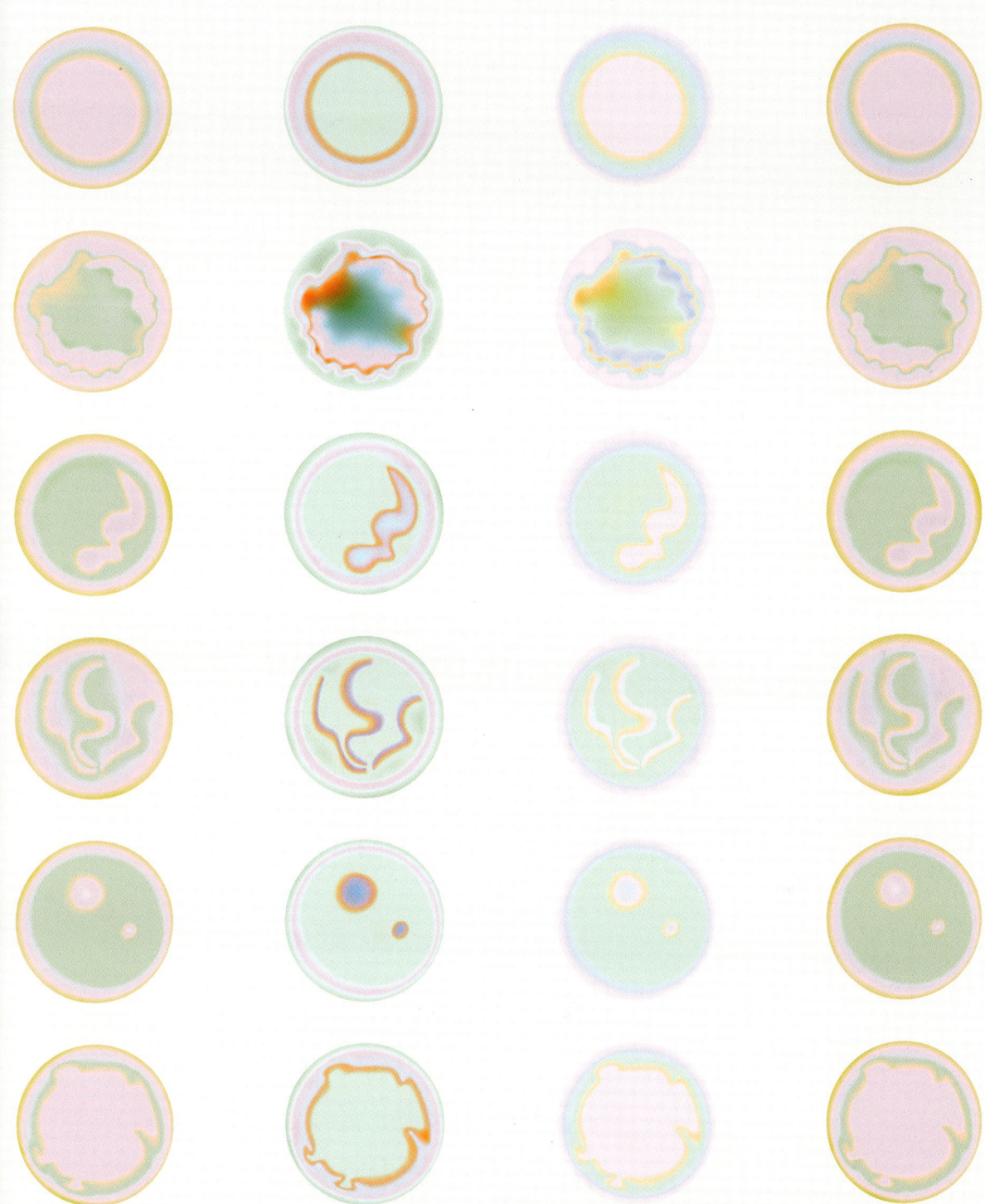

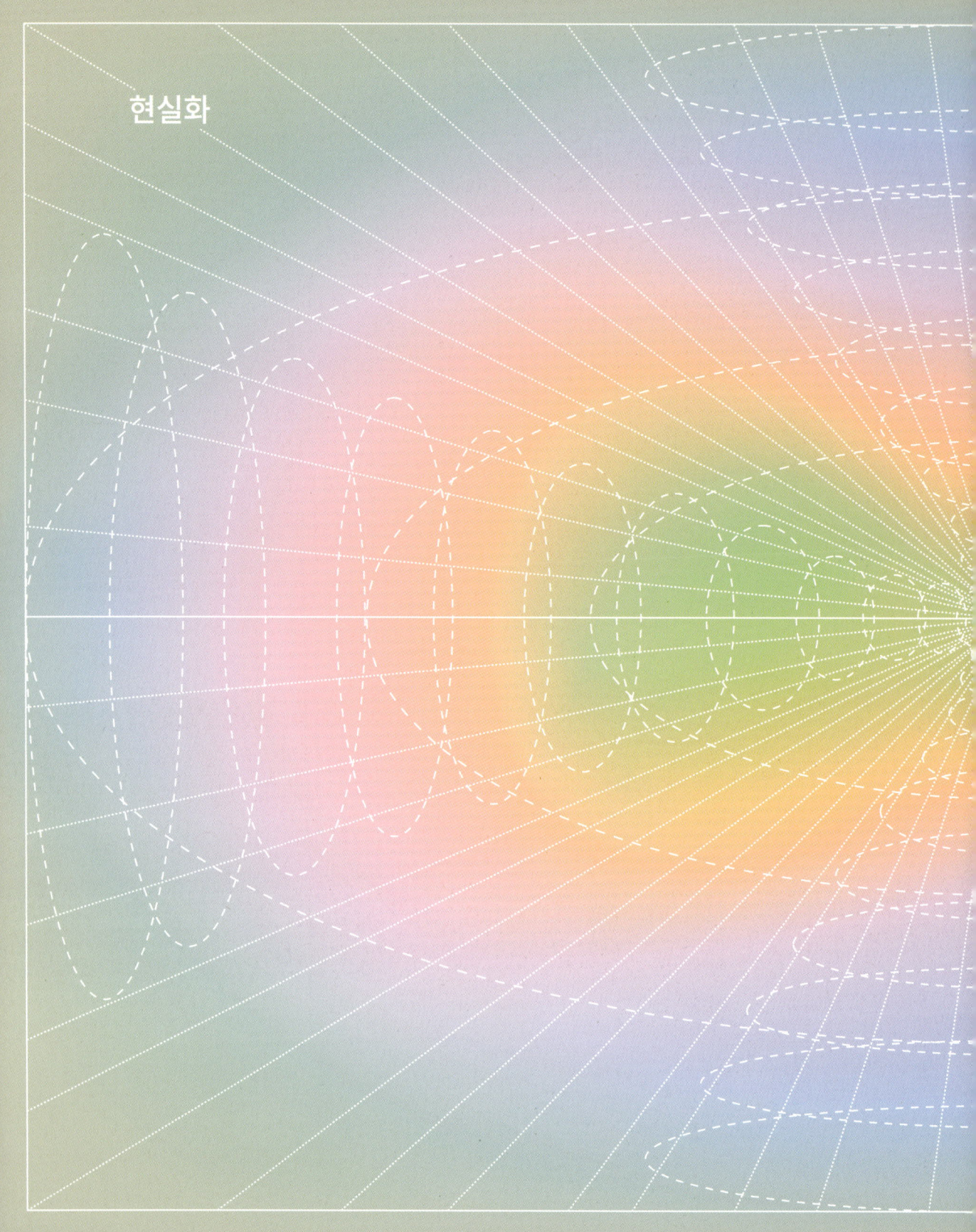
현실화

목표와 꿈을 현실화하는 법

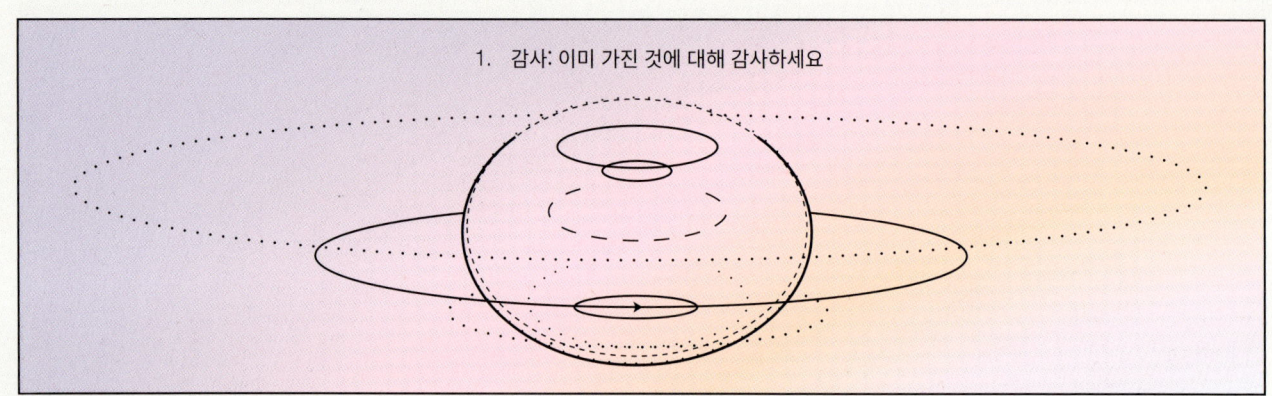

1. 감사: 이미 가진 것에 대해 감사하세요

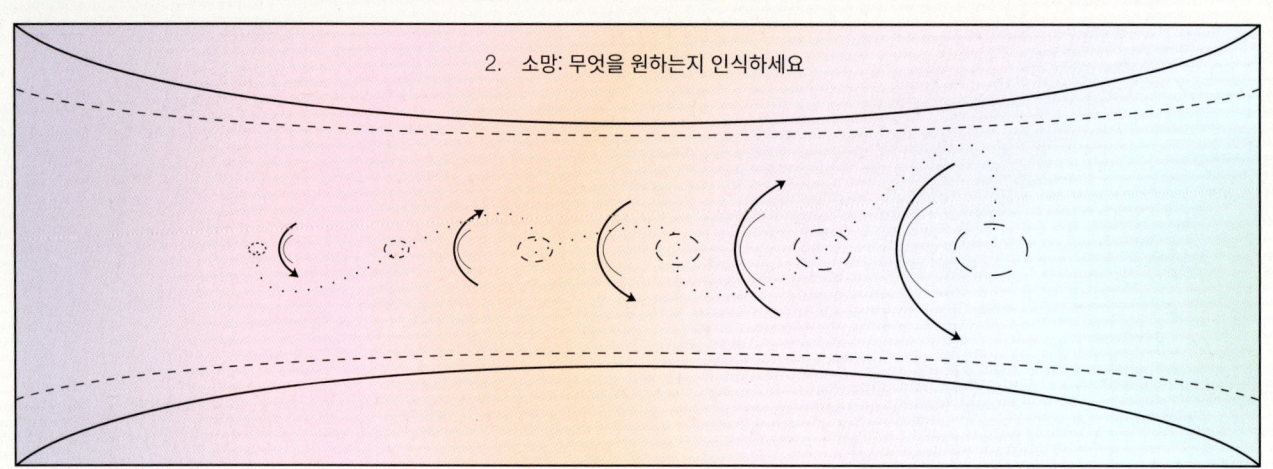

2. 소망: 무엇을 원하는지 인식하세요

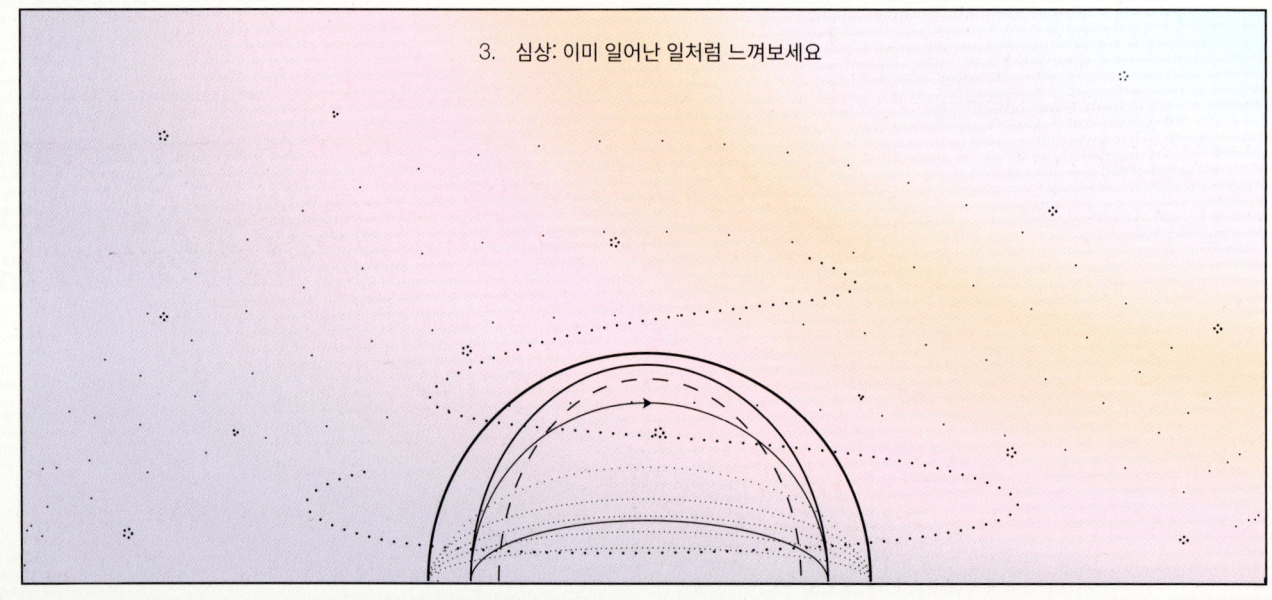

3. 심상: 이미 일어난 일처럼 느껴보세요

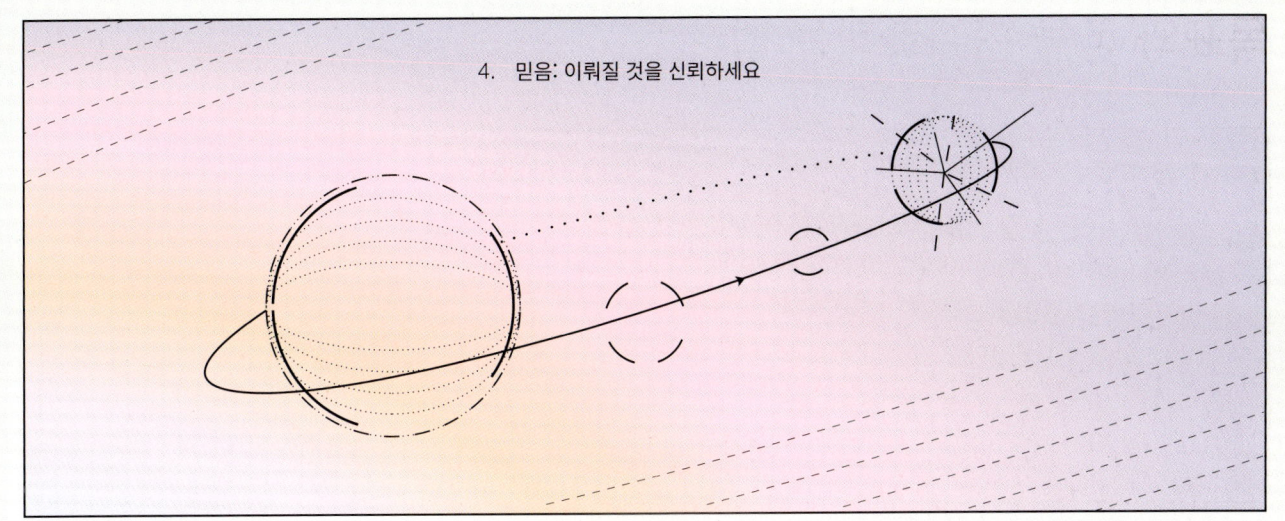

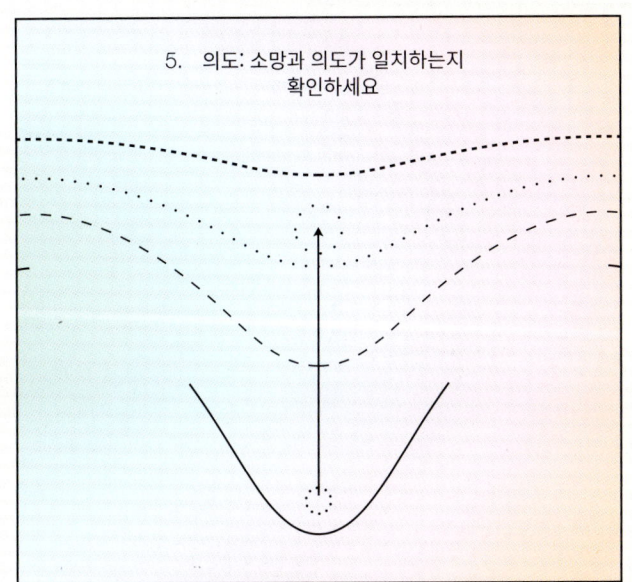

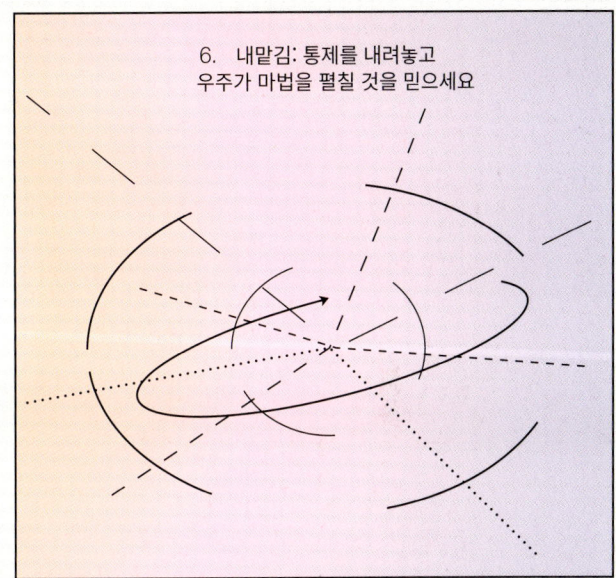

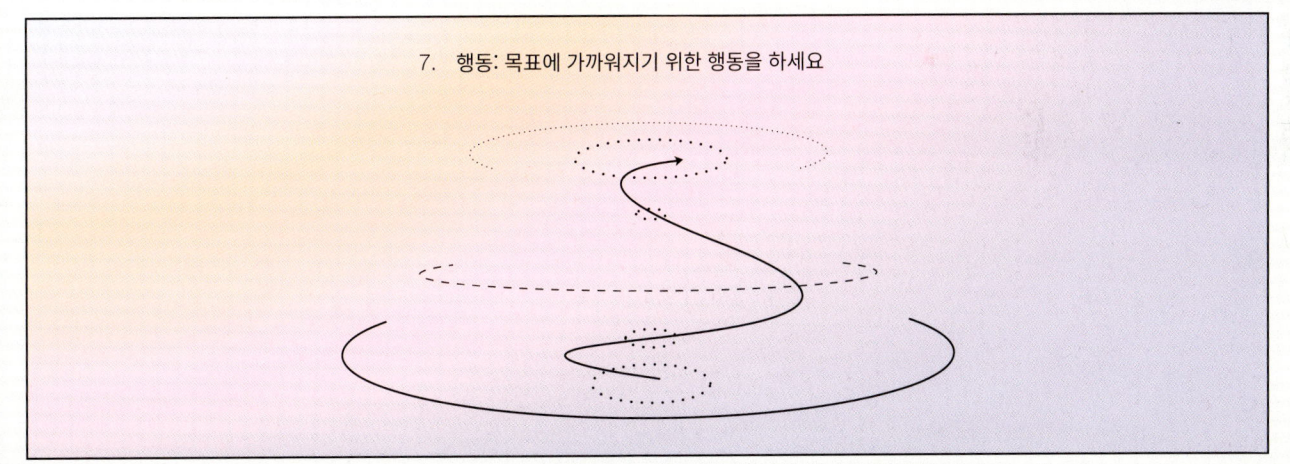

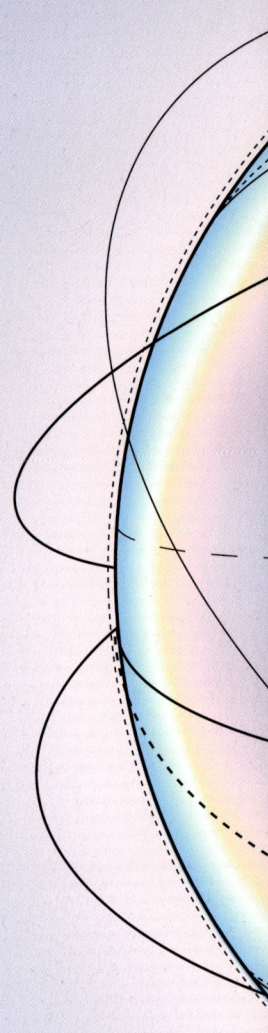

**당신이 기꺼이 누려야 할 아름다운 삶을 위해서,
먼저 내면을 탐구하세요.**

내 삶의 청사진은 어떤가요?
어떤 일을 좋아하나요?
어떤 장면을 보고 싶은가요?
내게 기쁨을 주는 것은 무엇인가요?
잘하는 것은 무엇인가요?
어떤 일이 내게 좋은 기운을 가져다주나요?
내가 진짜로 원하는 것은 무엇인가요?

이 질문에 대해 곰곰이 생각해 보면,
무엇이 당신 삶에 기쁨과 성취감을 가져다주는지 더 잘 이해하게 되고,
그것을 현실로 만들기 위해 한 발 나아갈 수 있어요.

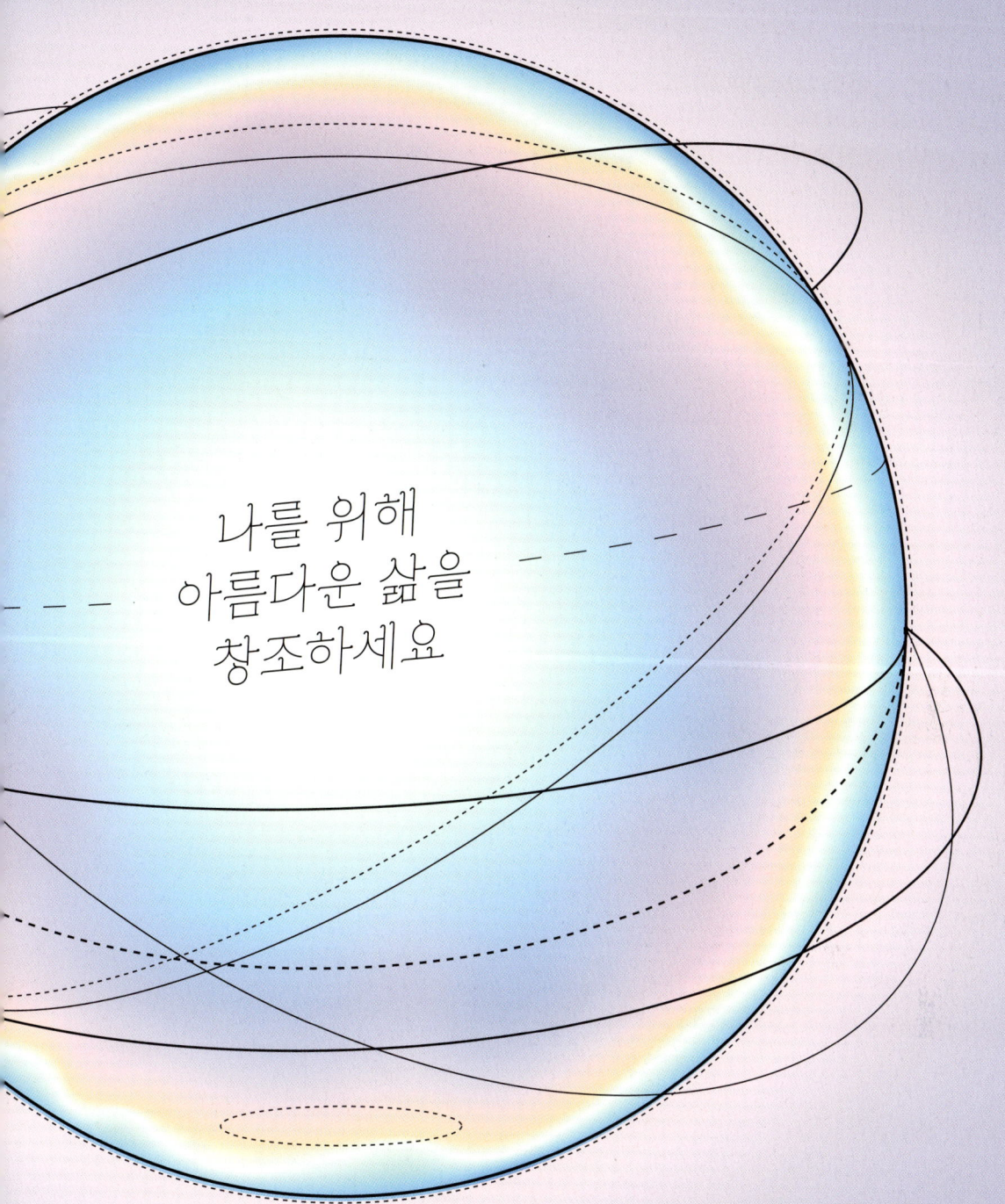

에너지 넘치는 영혼은

하루가 짧다고 느껴요

타고난 재능을 활용해요

에너지를 균형 있게 조절해요

과거의 일은 과거에 두어요

세상에서 빛을 봐요

자신의 강인함을 알고 있어요

자신의 행동에 책임을 져요

다른 관점에 열려 있어요

모든 걸 알고 있다고 생각하지 않아요

당신의 가치관과 목표에 맞는
생각, 감정, 행동을
스스로 정립하세요

현재를 즐기기

1. 잠시 주위를 둘러보고 나를 감싸고 있는 아름다운
   것들(시각, 소리, 감각)에 주의를 기울여 보세요.
   나는 지금 어디에 있나요? 이 장소와 순간이 가진
   독특하고 특별한 점은 무엇인가요?

2. 현재 나의 삶에 감사하고 그곳에 집중하세요.
   내가 있는 삶의 지점을 인식하고 그 안에서 현존하세요.
   나를 이곳으로 이끈 긴 여정에 감사하세요. 시간은
   쏜살같기에, 매일매일을 소중히 대하세요.

3. 올해 이루고 싶은 꿈과 열망에 대해 적어 보세요.
   어떤 경험을 갖고 싶나요? 어떤 것을 창조하고 싶나요?
   어떤 재능이나 지식을 쌓고 싶은가요?
   어떤 추억을 만들고 싶나요?

4. 과거를 내려놓고 실수와 후회로부터 자신을 용서하세요.
   그 경험으로 인해 배우고, 이제 알게 된 것에 집중해서
   앞으로 나아가세요.

5. 삶을 향한 긍정적인 관점을 가짐으로써 행복을
   선택하세요. 긍정을 유지하며 좋은 것들에 집중하세요.
   기억하세요, 매일매일은 선물이랍니다.

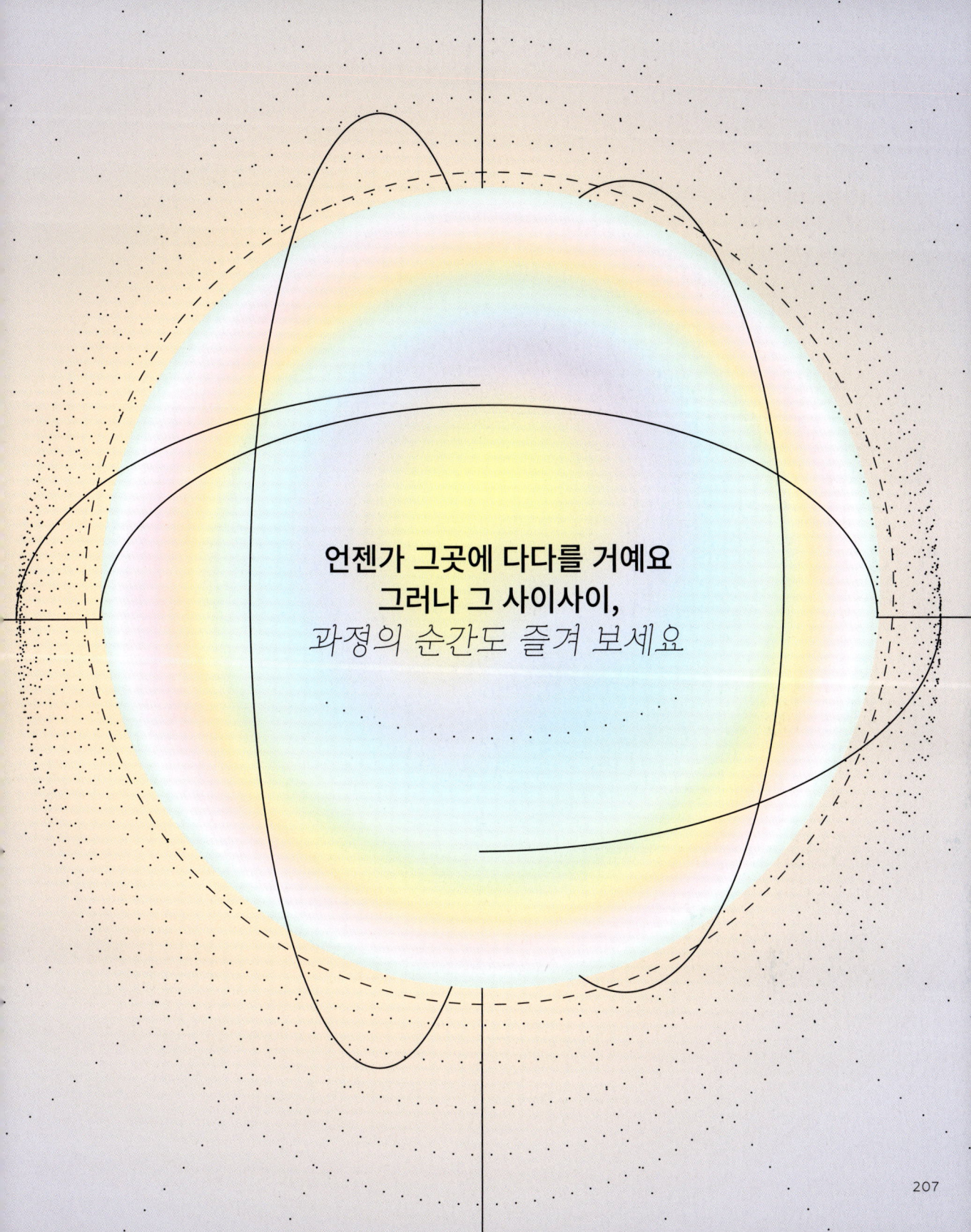

**언젠가 그곳에 다다를 거예요
그러나 그 사이사이,**
과정의 순간도 즐겨 보세요

사랑의 언어

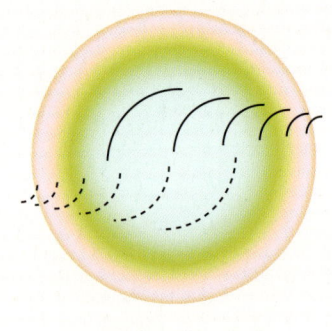
소중히 보내는 시간

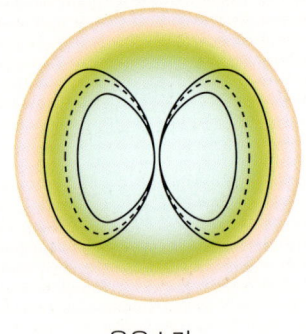
웃음소리

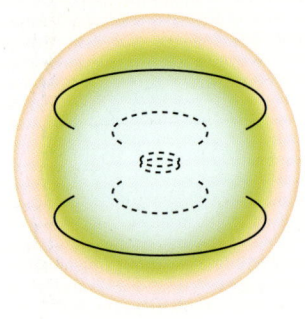
음악 공유

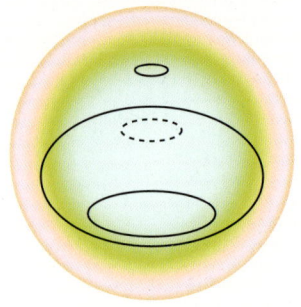
정직함

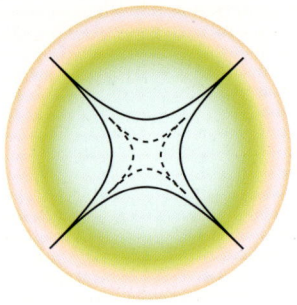
긍정적인 에너지

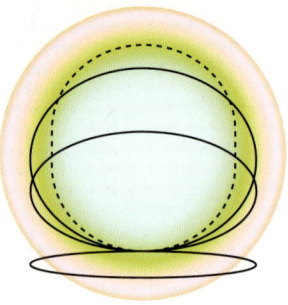
연약함을 드러내기

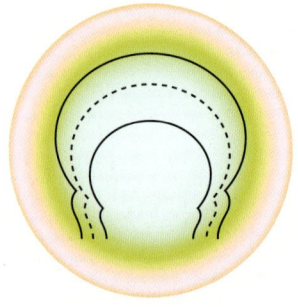
연민

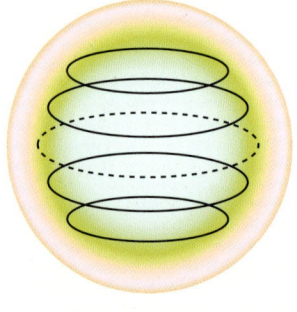
신뢰

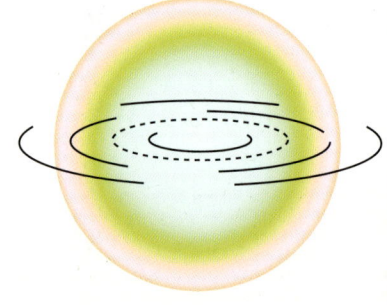
친절함

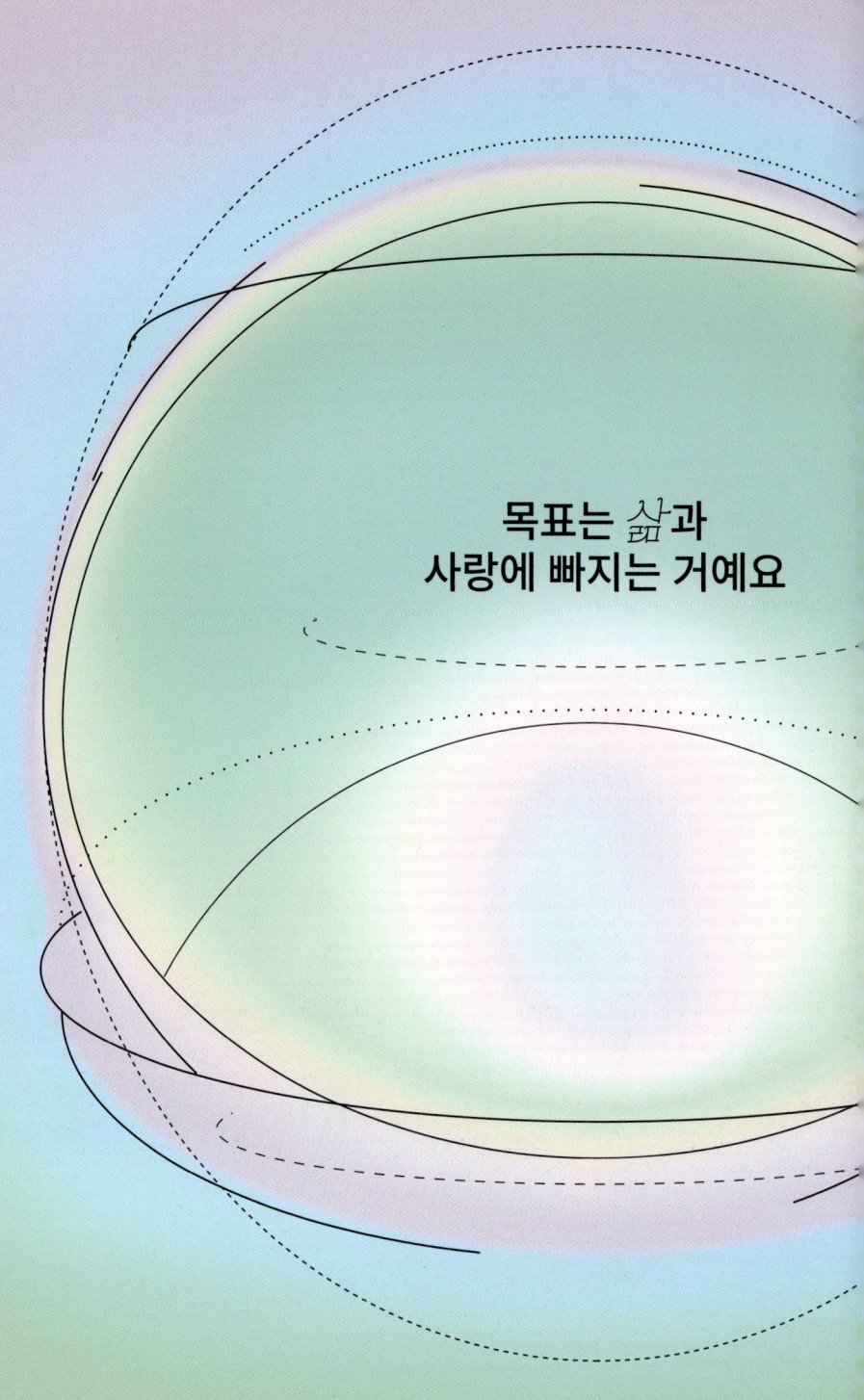

목표는 삶과
사랑에 빠지는 거예요

언제나
있을 거예요

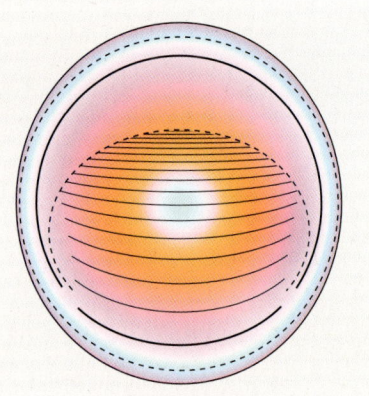

모든 것에 대한
해결책이

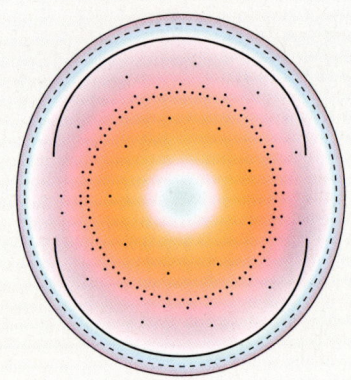

감사할 수 있는
일들이

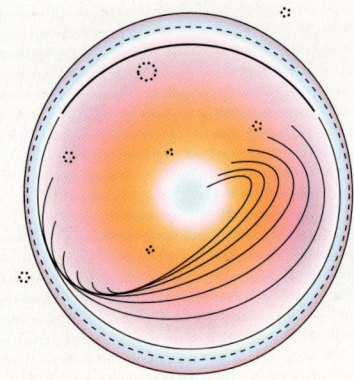

만들어 갈
추억이

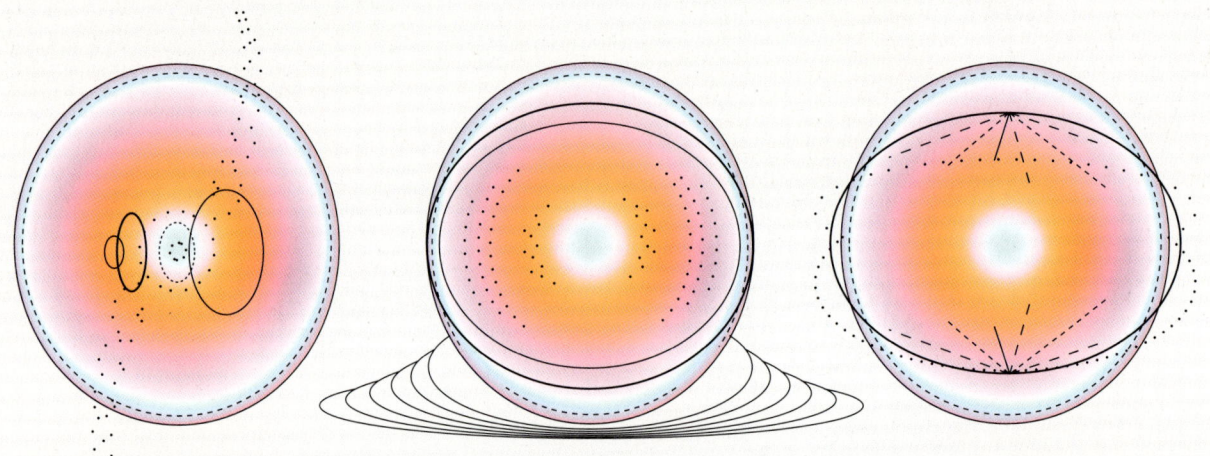

긍정적일
이유가

연결될
좋은 기운이

다가오는
새로운 시작이

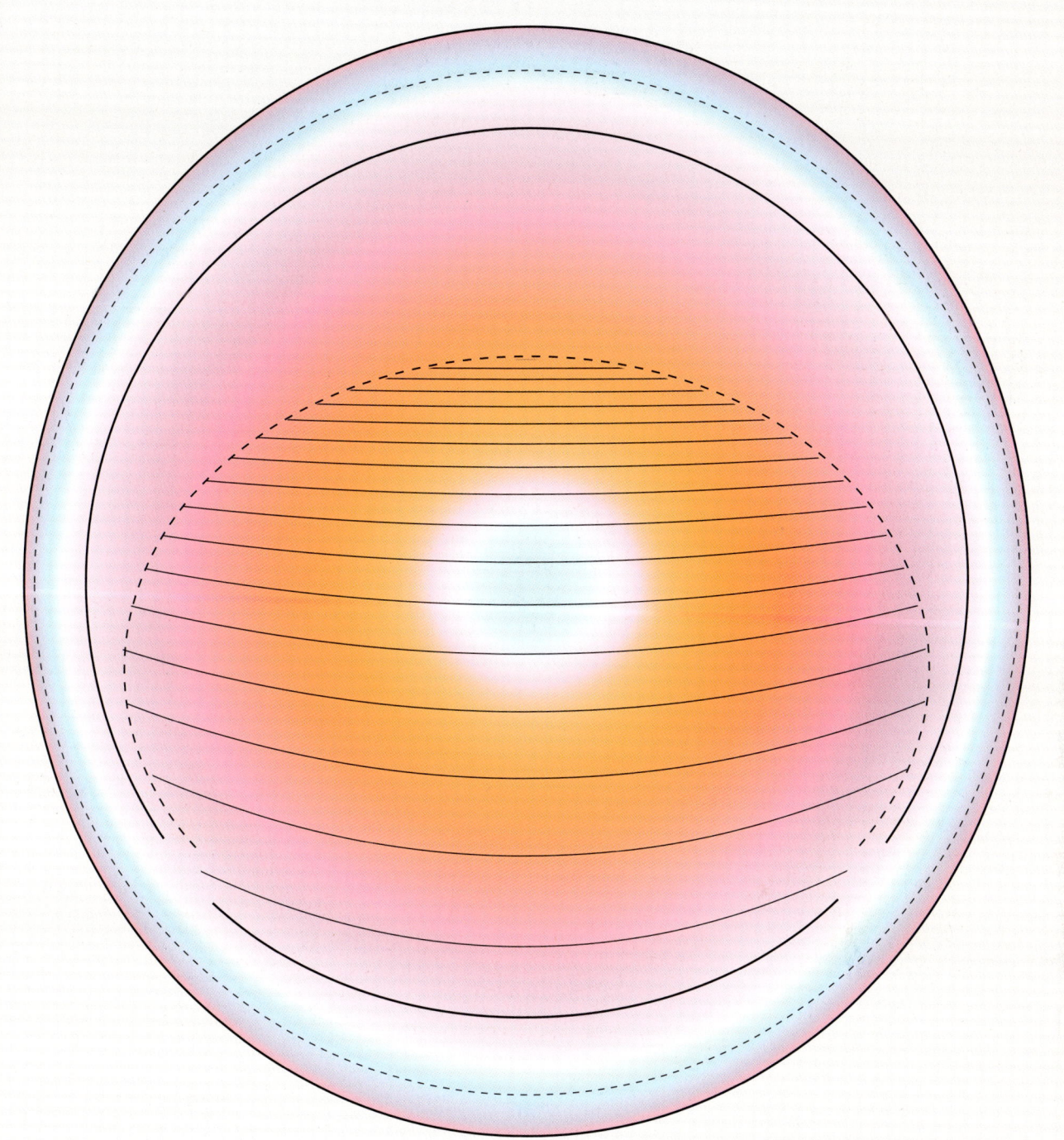

당신이 추구하는 모든 아름다움은
이미 당신 안에 존재해요

희망을 당신의

등대로 삼으세요

당신의 에너지를

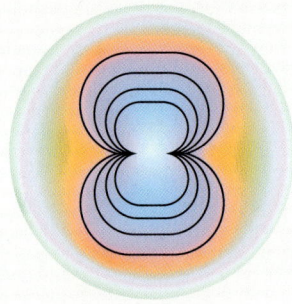
평화와 정적

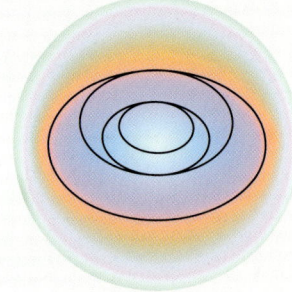
열린 대화

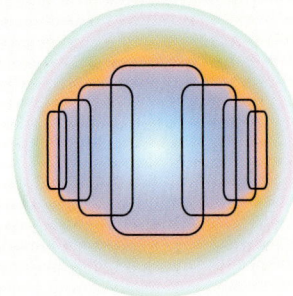
선한 카르마

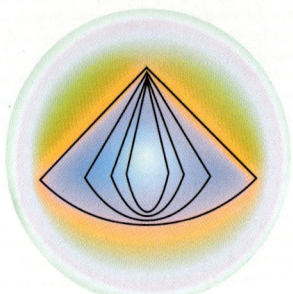
자연

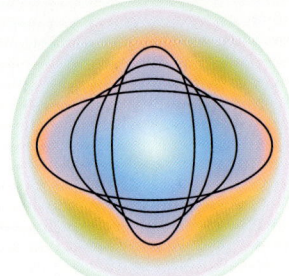
좋은 음악

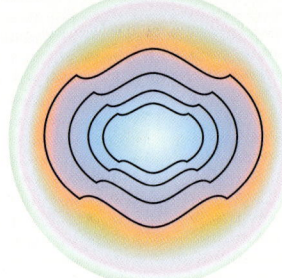
자기 인식

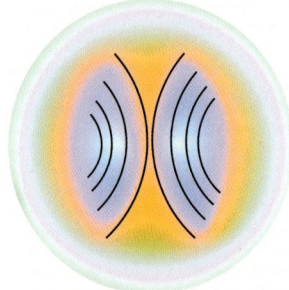
현실화

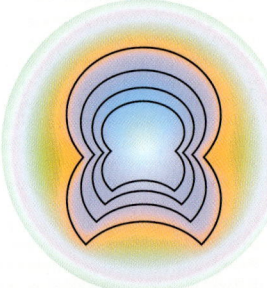
좋은 인연

일기 쓰기

형성하는 것들

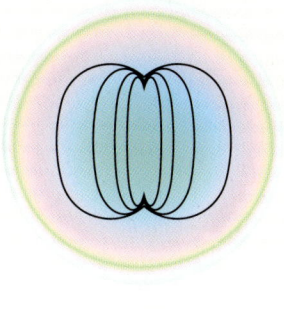
은혜

기쁨

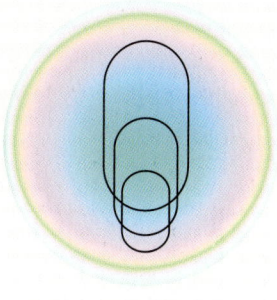
감수성

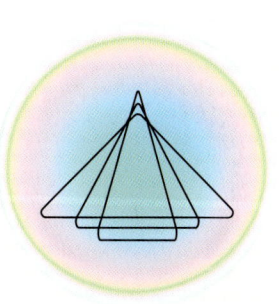
존중

이해

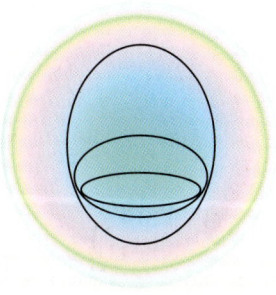
인내심

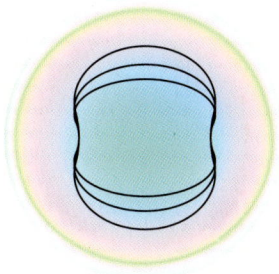
자존감

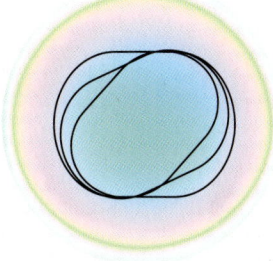
진정성

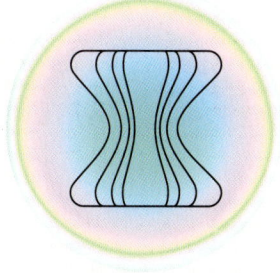
내면의 지혜

세상은 마법으로 가득 차 있어요—
당신이 해야 할 일은 세상과 연결되는 것뿐이에요

가장 아름다운 일은
매일 행복을 선택하는 것이에요

모든 꿈은

감사의 말

D.O.R. — 당신은 저의 소명을 상기해 주고 앞으로 나아갈 수 있도록 끊임없이 격려해 주셨어요. 당신의 동기부여는 그 무엇보다도 제게 깊은 열망을 일으켰습니다. 이 책은 당신 덕분에 탄생할 수 있었어요.

Y.G. — 첫 통화부터 나를 믿어준 사람. 내 편이 되어줘서, 그리고 변함없는 지지를 보여줘서 감사해요. 우리는 환상의 팀이었어요.

R.D. — 나의 대부님. 항상 저라는 존재를 있는 그대로 바라봐 주시고 모든 일에 함께해 주셔서 감사드립니다. 제 삶에 당신이 있어 너무나 다행이에요.

우리 가족 — 엄마, 아빠, F, E, 그리고 T. 제가 열정을 좇아 우여곡절을 겪는 동안 늘 지지해 주셔서 감사해요.

나의 가장 친한 친구들 — P, N 그리고 T. 삶이 나를 어디로 데려가든 함께해 준 진정한 우정에 너무나 감사해요.

비밍 커뮤니티 — 이 여정을 저와 함께해 주셔서 고맙습니다. 여러분의 사랑과 지지에 대단히 감사드립니다.